AI 시대에도 살아남는
미래 직업 이야기

AI 시대에도 살아남는
미래 직업 이야기

2021년 11월 25일 초판 발행
2023년 11월 1일 3쇄 발행

신지나 글 | 석윤주 그림

펴낸이 김기옥 ● **펴낸곳** 봄나무 ● **아동 본부장** 박재성
편집 한수정 ● **디자인** 블루 ● **영업** 김선주, 서지운 ● **제작** 김형식 ● **지원** 고광현, 임민진
등록 제313-2004-50호(2004년 2월 25일) ● **주소** 121-839 서울시 마포구 양화로 11길 13(서교동, 강원빌딩 5층)
전화 02-325-6694 ● **팩스** 02-707-0198 ● **이메일** info@hansmedia.com
봄나무 블로그 https://blog.naver.com/bomnamu_books
봄나무 인스타그램 https://www.instagram.com/_bomnamu

도서주문 한즈미디어(주) **주소** 121-839 서울시 마포구 양화로 11길 13(서교동, 강원빌딩 5층)
전화 02-707-0337 ● **팩스** 02-707-0198

ⓒ 신지나, 2021

ISBN 979-11-5613-185-4 73300

● 이 책 내용의 일부 또는 전부를 사용하려면 반드시 저작권자와 봄나무 양측의 동의를 얻어야 합니다.
● 책값은 뒤표지에 나와 있습니다.

머리말

'나만의 나침반'을 가지고 떠나는 미래 직업 탐험에 초대합니다

 '빨리 어른이 되고 싶어. 어른이 되면 숙제도 없고 시험도 없을 텐데. 그런 세상에서 살면 얼마나 좋을까?'

 한 번쯤 이런 생각을 해 본 적이 있나요? 어른이 되면 이것저것 간섭하는 사람 없이 자유로울 거라는 생각 말이에요. 여러분이 어른이 된다는 건 부모님의 보호 아래에서 떠나 많은 일을 혼자 생각하고 결정해야 한다는 뜻이에요. 또 앞으로 어떻게 해야 할지 미래를 고민해 직업을 갖는다는 사실도 빼놓을 수 없이 따져야 할 중요한 점이랍니다. 나아가 어엿한 사회인으로서 책임도 져야 해서 어른의 생활도 결코 쉽지 않은 일이에요.

 흔히 오늘날을 두고 '100세 시대'라고 말해요. 발달한 기술과 문화로 살기 편해진 세상에서 좋은 치료와 약, 영양가 있는 먹거리를 통해 사람들의 평균 수명이 길어졌기 때문이에요. 한 사람이 학교를 졸업하고 거의 100년이나 되는 인생을 스스로 책임지기는 결코 쉬운 일이 아니에요. 새로운 과학 기술의 발전은 오늘날 또 다른 변화를 만들었답니다. 사람을 대신할 만큼 인공 지능이 발달했다는 점이 가장 두드러지는 변화예요. 이는 원래 있던 직업을 사라지게 하기도 하고 새로운 직업을 만들어 내기도 해서 직업의 세계를 크게 달라지게 했어요. 이 책에서는 인공 지능 시대를 맞아 보건과 의료·스마트 도시·예술과 문화·더불어 사는 사회·안전과 풍요로운 사회·IT 분야로 나누어 전망 있는 직업들을 소개해요.

인공 지능이 많은 명령을 수행할 때 환자의 아픔을 공감하고 생명의 가치를 우선하는 사람의 순발력 있는 판단이 더해진다면 보건과 의료 분야는 더욱 발전할 수 있어요. 인공 지능이 빅 데이터로 의료진의 일손을 덜어 주는 덕분에 사람도 깊이 있는 환자 맞춤형 의학 연구를 함께할 수 있기 때문이에요.

움직임이 활발한 도시는 '관계성'이 중요한 공간이에요. 스마트 도시에서는 옛것과 새것, 교통수단과 신호, 환경과 주거 공간 등의 깊은 관계성과 이야기를 잘 살펴야 사람들에게 필요한 것을 만들어 줄 수 있어요. 이 과정에서 도시만이 가진 수많은 이야깃거리와 역사를 인공 지능으로 살피고 사람이 세밀한 전략을 세운다면 더욱 살기 좋은 도시가 될 거예요.

많은 데이터가 쏟아지는 오늘날, '창의력'은 중요한 키워드예요. 똑같은 사물을 다르게 보고 어떻게 새롭게 만들지 고민하는 특별한 능력이지요. 인공 지능 기술을 바탕으로 사람이 새로운 구상을 누군가에게 매력적으로 소개하거나 갑작스러운 상황에서 창의력을 발휘하는 일은 중요해졌어요. 그렇기에 예술과 문화 관련 직업도 흥미로운 분야이지요.

누군가와 왜 더불어

살아야 하는지, 약자에게 어떤 도움을 줄 수 있는지 함께 살기 위한 소통도 인공 지능과 사람이 함께한다면 더욱 발전할 수 있어요. 그렇기에 더불어 사는 사회를 만들기 위해 노력하는 직업도 중요하지요.

안전하고 풍요로운 사회를 위해 강한 사명감을 띠고 사람들에게 자신감과 가능성을 키워 주는 교육도 사람과 인공 지능 기술이 만나면 더욱 성장할 수 있어요. 그렇기에 안전과 풍요로운 사회를 책임질 직업들은 인공 지능 시대에 큰 변화를 맞이할 거예요.

소셜 미디어(SNS)를 통해 넓은 세상을 만나게 해 주는 IT 분야 직업도 앞으로 더 발전할 거예요. 인공 지능과 정보 통신 기술이 발달할수록 미래에 없어서는 안 될 분야로 떠오르기 때문이에요. 이 밖에도 달라질 세상에서 미래는 어떻게 준비해야 할지도 이 책에서 살펴보려고 해요. 앞으로 여러분은 하나가 아닌 수십 가지 직업을 가져 한 번에 여러 직업을 경험할 수도 있기 때문이에요.

발전한 첨단 기술 덕분에 빠르게 바뀌는 사회에서 여러분이 꿈꾸는 직업은 어떤 모습인지, 그 직업을 갖기 위해 어떻게 준비해야 할지 미리 생각하는 시간이 꼭 필요하답니다.

인공 지능 시대에 직업을 갖는다는 것은 새로운 과학 기술을 잘 이해하고 활용할 줄 알아야 한다는 뜻이기도 해요. 그러한 지식과 기술을 여러분이 좋아하고 하고 싶은 일과 연결시키는 데 많은 시간과 노력을 들여야 한답니다. 특히, 오래도록 즐겁게 일할 수 있는 방향으로 잘 준비하고 있는지 살펴보아야 하는 일도 빼놓을 수 없어요.

미래에 여러분이 살아가야 할 세상과 직업은 어떻게 달라질까요? 새로운 길을 찾아가는 탐험가는 나침반을 지니고 가야 할 방향을 정한다고 해요. 21세기를 살아가는 여러분에게는 '나만의 나침반'이 반드시 필요해요. 이 책이 여러분의 나침반이 되어 주기를 기대합니다.

준비되었다면 미래 직업의 세계로 여행을 떠나 볼까요?

차례

머리말 _6

1 건강을 돌보는 보건·의료 직업 이야기
인공 지능을 만난 새로운 의료 세상 _16

간호사 _20
동물보건사 _24
물리치료사 _28
생명공학자 _32
수의사 _36
약사 _40
의사 _44
인공신체개발자 _48

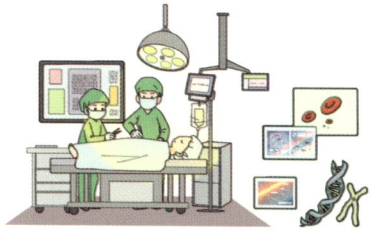

2 살기 좋은 곳을 만드는 스마트 도시 직업 이야기
인공 지능을 만난 스마트 도시 _54

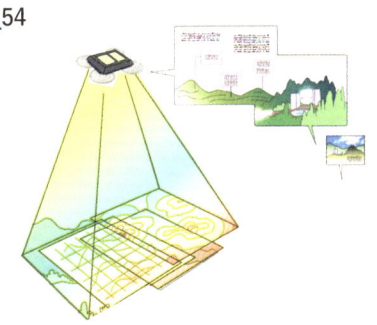

건축사 _58
교통공학자 _62
도시재생전문가 _66
에너지전문가 _70
자율주행설계자 _74

3 즐거움을 만드는 예술과 문화 직업 이야기
인공 지능을 만난 예술과 문화 _80

가상현실전문가 _84
게임기획자 _88
미디어콘텐츠제작자 _92
예술가 _96
요리사 _100
패션디자이너 _104

4 더불어 사는 사회를 책임지는 직업 이야기

인공 지능을 만난 더불어 사는 세상 _110

심리상담가 _114

요양보호사 _118

재활용기술전문가 _122

환경공학자 _126

5 안전하고 풍요로운 사회를 책임지는 직업 이야기

인공 지능을 만난 20세기 직업 _132

경찰 · 군인 · 소방관 _136

공무원 _140

교사 _144

농부 _148

법조인 _152

인재개발전문가 _156

미래 사회를 개척하는 IT 직업 이야기
정보화 시대, 주목받을 IT 직업 _162

로봇개발자 _166
블록체인전문가 _170
빅데이터분석가 _174
소프트웨어개발자 _178
우주공학자 _182
인공지능전문가 _186

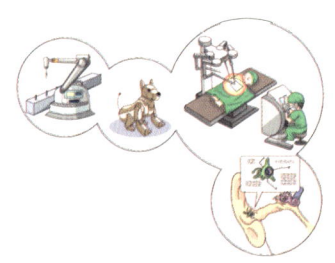

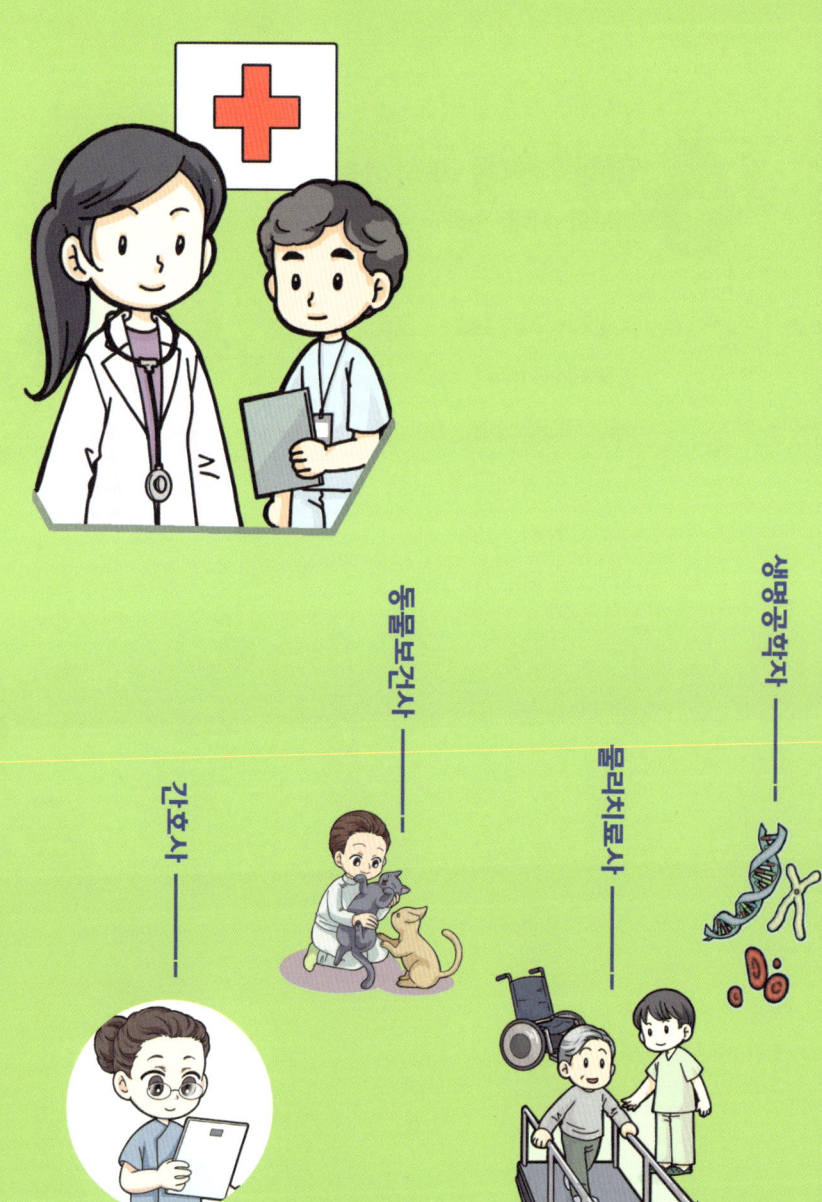

건강을 돌보는
보건·의료 직업 이야기

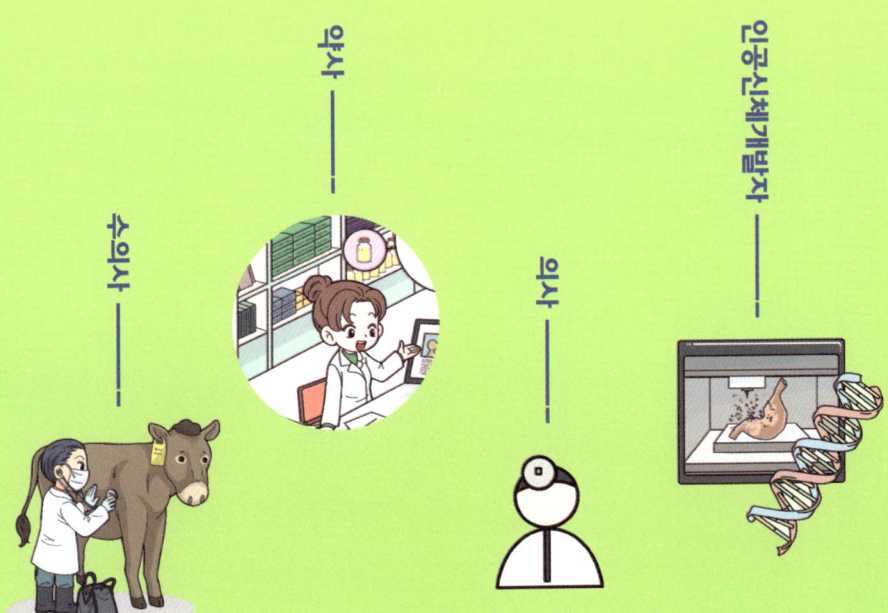

인공 지능을 만난
새로운 의료 세상

　새로운 바이러스와 질병이 인류를 위협하는 오늘날, 의료진들의 노고와 희생에 감사한 마음을 갖곤 합니다. 앞으로는 이런 큰 도움을 주는 의료진들의 손길이 더 필요해질 전망이에요. 바이러스와 질병의 위협에도 의료 기술이 꾸준히 발달하면서 사람들의 수명이 늘어나 초고령 사회로 빠르게 바뀌고 있기 때문이에요.
　이런 시대 변화에 맞추어 의사·간호사·약사와 같은 의료진들은 사람들에게 큰 도움을 주며 쉴 새 없이 일하고 있어요.
　오늘날 발달한 인공 지능이 의학 기술과 만나면서 상상할 수 없었던 놀라운 변화가 의료 분야에서 시작되고 있어요.
　의료 분야는 미래에 어떻게 바뀔까요? 의료진들이 인공 지능을 바탕으로 한 기술력을 갖추면 지금보다 더 놀라운 일들을 해낼 수 있어요.

환자의 질병과 유전자 데이터 분석이 빠르게 이루어져 예방 의학이 눈부시게 발달할 거예요. 이 덕분에 시간을 다툴 만큼 급한 수술이 필요한 환자도 줄어들겠지요.

로봇 의사의 등장으로 수술실의 모습도 많이 달라질 거예요. **의사**는 인공 지능이 모으고 분석한 의료 빅 데이터로 환자가 병으로 앓기 전에 관리해 줄 수 있어요. 의사의 곁에서 환자를 직접 도와줄 **간호사**들도 4차 산업 혁명의 첨단 기술을 활용해 단순하고 반복적인 일의 부담에서 벗어날 수 있어요. **약사**도 처방전에 따른 조제 업무에서 벗어나 지금보다 다양한 의료 지원을 하는 역할로 바뀌겠지요.

노령 인구가 늘어나면서 주목을 받는 또 다른 직업은 **물리치료사**예요. 앞으로는 수명이 길어진 노인들이 늘어나 그들을 대상으로 하는 업무가 많아질 거예요. 물리치료사들은 저마다 다른 신체 특성이 있는 노인들에게 필요한 물리 치료를 전문적으로 권해 줄 수 있어요.

첨단 의학 기술을 바탕으로 새로운 약을 개발하는 **생명공학자**도 중요해져요. 미래에는 인공 지능 기술로 제약 연구와 실험을 활발하게 진행해 효율적으로 일할 수 있어요.

　인공 지능과 첨단 기술의 발달 덕분에 몸을 움직이지 못하는 전신 마비 환자가 걷는 기적이 일어날 수도 있답니다. 팔다리 등을 뜻밖의 사고로 쓸 수 없는 환자들에게 맞춤형 팔다리를 개발하는 일을 전문가들이 맡을 예정이거든요. 그 주인공이 바로 **인공신체 개발자**들이랍니다. 몸을 크게 다쳐 괴로워하는 사람들에게 희망을 줄 수 있는 보람된 직업이겠지요?

　미래 사회를 이야기할 때, 빠지지 않고 등장하는 단어가 고령화와 1인 가구의 증가예요. 혼자 사는 1인 가구가 늘어나면서 미래에는 반려동물을 키우는 사람들도 더욱 늘어난다고 해요. 미래에 성장할 보건과 의료 계통 직업으로 **수의사**와 **동물보건사**(수의테크니션)도 빼놓을 수 없는 직업이랍니다. 아직은 반려동물의 종류가 다양하지 않지만 미래에는 훨씬 많은 종류의 반려동물이 사람들과 함께 살 거예요. 수의사와 동물보건사도 미래에는 더욱 전문화될 직업이에요. 이들은 반려인과 반려동물 사이의 소통 전문가로서 중요한 역할을 맡을 거예요.

　의료 분야는 소중한 생명을 다루는 전문 분야이기에 보통 사람들이 접근하기 어려운 직업이라고 생각하곤 했어요. 하지만 인터넷과 인공 지능의 첨단 기술 덕분에 사람들은 의료 정보에 쉽게 접근하고 있어요. 덕분에 사람들의 의학 관련 지식이 높아져서 의료진의 관계도 크게 달라질 예정이랍니다.

미래의 의료진들은 환자의 높아진 요구에 맞추어야 하는 어려움을 느낄 거예요. 그럼에도 첨단 의료 기술로 정확한 예방과 치료를 통해 생명을 살리는 의미 있는 직업이 되겠지요.

첨단 의료 기술을 적극적으로 활용하기에는 의료 개인 정보의 합법성 논란처럼 풀어야 할 과제가 많아요. 그럼에도 미래의 의료 분야는 디지털 시대를 살아가는 여러분들이 반드시 도전할 만한 영역이에요.

맞춤형 건강 돌봄 전문가
간호사

- ☑ **활동 분야** : 병원·요양 기관·보건소·보육 시설·산업체의 보건 부서 등
- ☑ **미래 전망** : ★★★★☆
- ☑ **관련 학과** : 간호학과
- ☑ **요구 능력** : 사명감·성실함·배려심·책임감

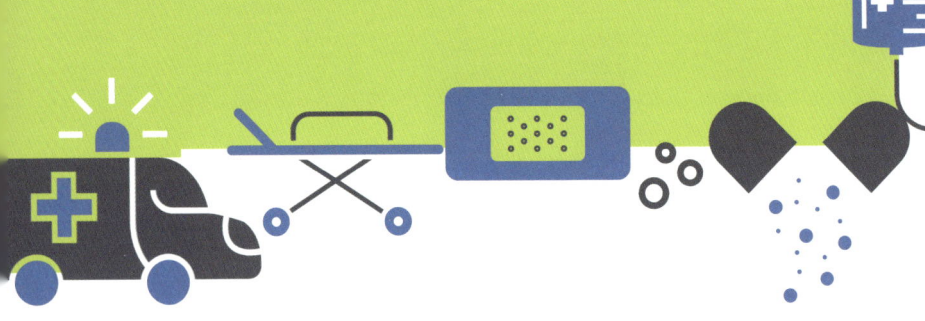

크고 작은 병원에 가면 환자를 위해서 바쁘게 움직이는 간호사를 만날 수 있어요. 의사와 함께 귀한 생명을 다루는 업무를 할 간호사는 간호학을 전공하고 나라에서 치르는 전문 간호사 시험에 합격해야만 할 수 있는 전문직이에요.

간호사는 환자를 진료하는 의사를 돕고 처방에 따라서 처치를 해요. 의사가 없는 급한 상황에서 비상조치를 내리기도 해요. 체온과 혈압, 맥박 등을 꼼꼼히 살피며 환자의 상태를 살피기도 하지요. 병실에서 환부(병이나 상처가 난 곳)를 씻고 의료 장비를 소독하며 환자가 건강

을 회복하는 데 필요한 도움을 줘요. 환자와 가족에게 치료와 질병 예방에 필요한 설명을 해 주기도 해요. 의사만큼이나 중요한 역할을 하다 보니 간호사들도 꾸준히 공부해야 한답니다. 앞으로 새로운 질병이 생길 때마다 환자를 잘 돌보기 위해서이지요. 물론 아픈 환자들의 마음을 이해하고 배려하며 공감하는 능력도 갖춰야 해요.

간호사는 어떻게 달라질까?

병원에서 일하는 간호사는 요양 기관에서 일하기도 하고 산업체 직원들의 건강을 살피거나, 경력을 쌓아서 보육 시설을 운영하기도 해요. 우리가 사는 곳에서 간호사의 역할이 필요한 분야는 수없이 많답니다. 그렇다면 인공 지능 기술과 만난 미래의 간호사는 어떤 일을 할까요? 병원에서는 인공 지능 간호 로봇이 간호사를 직접 돕기 때문에 많은 변화가 생겨요.

먼저 환자가 제때 약을 먹을 수 있도록 알람을 줘요. 약을 환자에게 전해 주며 환자나 보호자가 원하는 간단한 처치와 업무들을 간호사를 대신해 할 수 있어요. 혈압이나 체온 재기처럼 끊임없이 확인해야 할 일들도 해 줄 수 있지요. 의료 기관에서 자주 쓰는 약품과 병원 물품 등을 배달해 주는 간호 로봇도 등장할 예정이에요.

간호사들이 일하는 병원도 첨단 기술과 만나 놀라운 발전이 생긴답니다. 무선 통신으로 여러 사물을 인터넷으로 연결한 사물 인터넷의 도움이 가장 두드러질 거예요. 간호사들은 환자들의 상태를 손쉽게 살펴볼 수 있고요. 환자의 상태를 기록해 잘 정리된 여러 질병 자료들을 받아 볼 거예요.

앞으로는 간호사들의 단순 업무가 눈에 띄게 줄고 개개인에 맞춘 의료 상담 분야에 대한 환자들의 요구가 늘어서 지금보다 전문적인

일을 맡아요. 나이가 많은 환자들에게는 꾸준한 건강 관리가 필요해져서 간호사들이 더 많이 필요해질 예정이에요.

   미래의 간호사는 인공 지능 로봇을 잘 다뤄야 하는 만큼 IT 지식과 분석 능력을 갖추면 좋아요. 환자의 질병 기록이나 알레르기 및 유전 질병을 잘 분석한 간호 로봇의 차트를 바탕으로 환자에게 딱 맞게 상담해 줄 수 있으니까요. 아픈 사람들이 건강하게 지내도록 보살펴 주는 보람된 일을 하는 미래의 간호사, 정말 기대되지 않나요?

노인전문간호사

고령화 시대에 접어들면서 나이 많은 환자들을 대상으로 간호하는 분야가 떠오르고 있어요. 몸이 점점 약해지는 노인 인구의 건강 지식과 이해를 바탕으로 노인전문간호사가 건강 관리를 계획해야 하기 때문이에요. 계획에 따라 건강 관리를 실천하도록 상담과 지도하는 노인전문간호사의 역할은 커질 수밖에 없다는 이야기지요. 노인전문간호사는 병이 생기기 전에 유전자 분석으로 미리 노인들의 건강을 관리해 줘요. 여러 첨단 의료 기기들로 노인성 질환을 살펴 위험을 조금이나마 피할 수 있도록 돕는답니다.

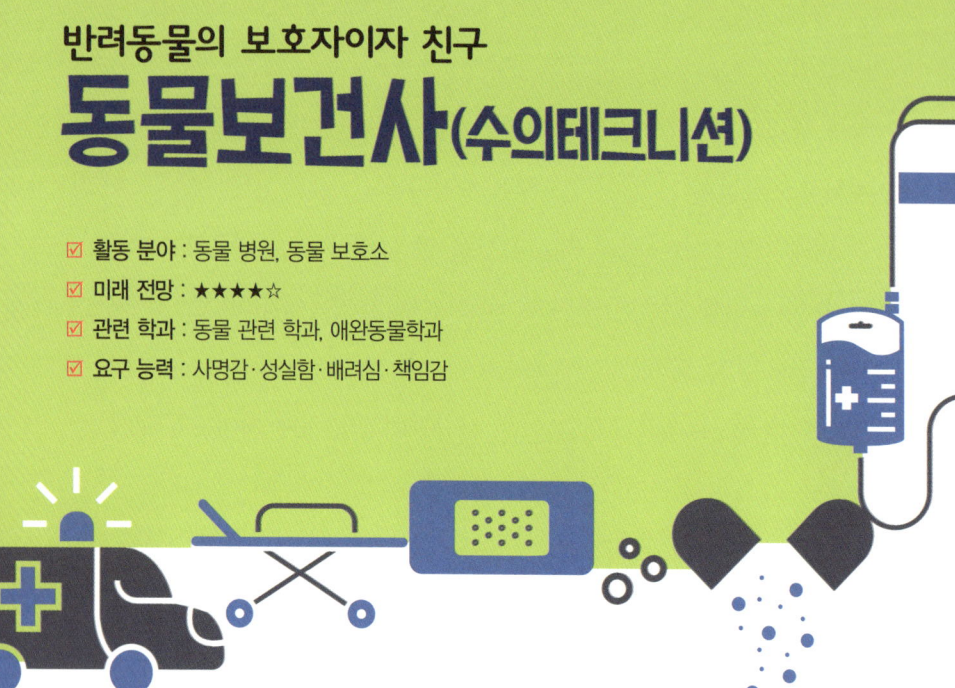

반려동물의 보호자이자 친구
동물보건사 (수의테크니션)

- ☑ 활동 분야 : 동물 병원, 동물 보호소
- ☑ 미래 전망 : ★★★★☆
- ☑ 관련 학과 : 동물 관련 학과, 애완동물학과
- ☑ 요구 능력 : 사명감·성실함·배려심·책임감

반려동물 인구가 약 1500만 명인 시대를 맞이했어요. 가정에서 가족처럼 아끼고 돌보아야 하는 반려동물 수가 어마어마하게 늘었다는 뜻이지요. 소중한 가족인 반려동물들이 갑자기 아프거나 오랜 병에 시달려서 힘들어할 때면 속상한 마음을 다스리기 힘들어요. 이럴 때 반려동물과 찾아간 동물 병원에서 진료와 수술을 맡는 수의사와 함께하는 이들이 있어요. 동물을 돌보고 잘 치료를 받을 수 있도록 보조해 회복과 교육 등을 맡는 동물보건사(수의테크니션)가 그 주인공이랍니다. 동물보건사는 동물 병원에 입원한 반려동물들을 정성스레 간호하고 재활을 도와요. 또 방문한 보호자에게 치료 예약이나 약을 먹이는 법 등을 상담해 주기도 해요.

동물보건사는 어떻게 달라질까?

동물을 간호하는 동물보건사는 동물 병원에서 중요한 일을 맡는답니다. 앞으로는 예방 접종이나 반려동물이 아플 때만 동물 병원에 가지 않아요. 정기적으로 건강을 꾸준히 관리하는 평생 관리 센터가 된 동물 병원에 갈 테니까요. 따라서 수의사 보조에 머물렀던 동물보건사가 맡을 일도 더 많아진답니다. 그렇다면 좋은 동물보건사가 되려면 어떻게 준비해야 할까요? 무엇보다 동물을 사랑하고 동물의 아픔과 어려움을 헤아리려는 마음가짐이 제일 중요하겠지요? 이 외에 동물들에게 필요한 도움을 주기 위해 전문 지식을 갖추는 것도 중요하고요.

앞으로 동물 보건사는 반려동물의 다양한 빅 데이터로 유전자를 분석해 동물 한 마리, 한 마리에 딱 맞춘 돌봄을 할 거예요. 이때 동물보건사는 유전자 분석에서 나온 결과를 살펴서 생길 수 있는 병을 막도록 수의사의 지시에 따라 다양한 예방 프로그램을 운영하기도 해요.

동물보건사는 단순히 질병 관리로 끝나지 않고 반려동물의 정신

건강을 돌보는 일에도 적극적으로 나설 거예요. 4차 산업의 발달로 동물 진료 분야에도 첨단 기술이 많이 더해질 예정이거든요. 말 못 하는 동물의 감정을 읽는 기기 덕분에 반려동물이 무엇을 필요로 하는지 감정을 읽을 수 있어요. 또 행동 치료 등을 가능하게 해 줄 첨단 기기도 생겨 반려동물이 건강하고 행복하게 지낼 수 있도록 도와줄 거예요. 이 기기에서 얻은 정보를 바탕으로 동물보건사는 동물들의 정신과 감정을 꼼꼼하게 챙길 수 있답니다.

앞으로는 지금보다 반려동물의 수가 늘어나고 종류도 다양해져요. 강아지나 고양이뿐만 아니라 악어와 뱀처럼 특별한 동물을 키우는 사람들이 많아질 거예요. 이에 맞추어 전문 동물보건사의 할 일도 늘어나겠지요?

펫패션디자이너

최근에는 반려동물을 대상으로 한 의류에도 관심이 높아지고 있어요. 미래에는 인공 지능과 합쳐져 '실감 미디어(Realistic Media)'라는 기술이 반려동물의 옷을 만들 거예요. 실감 미디어는 몰입감과 현장감을 키워 현장의 모든 감각 정보를 사용자에게 전달하는 매체예요. 실감 미디어로 반려동물의 성장기에 맞춰 한두 번만 크기를 재면 가상 현실을 통해서 맞춤형 옷을 다양하게 만들 수 있답니다. 펫패션디자이너는 디자인 실력은 물론 동물 특성을 잘 알아야 해요. 동물을 배려하는 마음도 꼭 있어야 한답니다. 아무리 예쁜 옷이라도 반려동물이 불편해하면 안 될 테니까요.

반려동물미용사 반려동물미용사는 반려동물을 가까이에서 살피며 목욕시키고 발톱을 정리하면서 여러 신체 변화를 잘 살피는 일을 해요. 또 반려동물이 쾌적하게 지낼 환경을 마련해 주는 중요한 일을 맡기도 한답니다. 앞으로는 동물들마다 특성을 분석한 빅 데이터와 인공 지능을 활용해 반려동물과 반려인이 모두 만족하는 미용 서비스를 제공할 유망 직업이에요.

120세 시대 실버 의료 전문가
물리치료사

- ☑ **활동 분야** : 병원·의과대학·요양 병원·노인 복지 시설
- ☑ **미래 전망** : ★★★★☆
- ☑ **관련 학과** : 물리치료학과·재활학과·작업치료학과
- ☑ **요구 능력** : 사명감·성실함·배려심·책임감

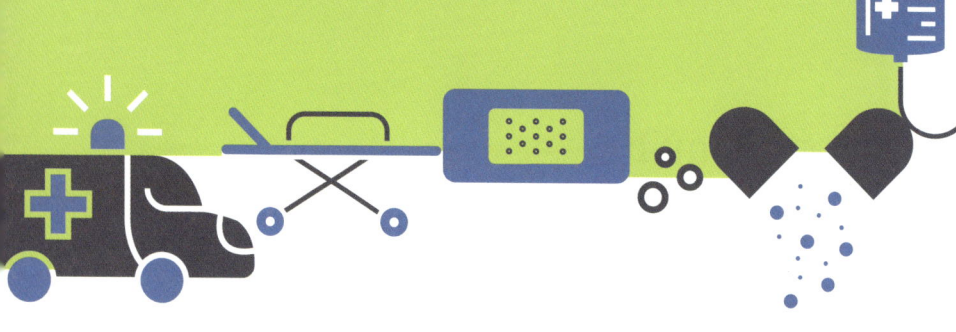

테니스나 축구, 달리기와 같은 운동을 하다가 다쳐서 병원에 간 적이 있나요? 이때 의사 선생님의 처방을 받아서 약이나 주사를 맞기도 하지만 온열 치료(열을 이용해 피의 흐름과 물질대사를 좋게 하고 신경과 근육의 피로를 없애 치료를 돕는 방법)나 마사지를 받기도 해요. 이를 도와주시는 분들이 물리치료사예요. 물리치료사는 의사의 처방이나 환자의 기록지, 환자의 환부나 병력 등을 꼼꼼히 확인해요. 뼈·신경·호흡·동작 등을 평가해 치료 계획을 세워요. 또 환자의 상태에 따라 마사지나 운동 등과 같은 다양한 치료를 겸해요. 물리 치료에 필요한 의료 장비

도 관리한답니다.

　물리치료사는 물리치료학과와 같은 전문 학과를 졸업하고 나라에서 치르는 시험을 본 뒤 면허를 받아야 일할 수 있는 전문 분야예요. 오늘날 병원과 전문 재활 센터 그리고 운동선수들을 관리하는 스포츠 의료 분야에서 활약하고 있어요.

물리치료사는 어떻게 달라질까?

　2000년 이후에 태어난 사람들은 약 120세까지 살 수 있다고 해요. 이렇게 수명이 늘어나면 앞으로 겪을 사고나 병에 걸릴 횟수는 그만큼 많아지겠지요? 이럴 때 아픔을 다스리거나 몸에서 약해진 부분을 튼튼하게 하는 치료가 무엇보다 중요해요.

　물리치료사는 주로 장애가 있는 환자들의 재활을 돕거나 통증을 느끼는 환자들을 치료했어요. 앞으로는 수명이 길어지고 여러 레저 산업이 인기를 끌면서 물리치료사가 하는 일도 넓어질 전망이에요. 인구에서 ⅓을 차지할 노인들을 위한 실버 의료가 성장하는 만큼 노인 전문 물리치료사들의 역할이 더 늘어난답니다. 나이가 들면서 자연스레 생기는 통증뿐만 아니라 레저 활동에서 오는 노인들의 통증도 관리하면서 일의 범위가 넓어질 거예요. 따라서 노인들의 신체 변화를 잘 분석해 개개인에게 맞춘 물리 치료도 필요해지고 있지요.

지금도 온열 치료기나 재활 기구 등 환자들의 상태에 따라 여러 기기가 물리 치료에 쓰여요. 첨단 기술을 바탕으로 하는 미래의 물리치료사는 어떤 기기를 주로 쓸까요? 교통사고로 다리를 크게 다친 환자가 다시 걸으려면 오랫동안 쓰지 않던 근육에 힘을 주고 꾸준히 걷기를 연습해야 해요. 이때 가상 기기를 이용해 게임을 하듯이 걷기를 연습하면 어떨까요? 고통도 줄어들고 연습 시간도 늘어나 효과가 있겠지요? 이와 함께 인공 지능은 물리 치료가 얼마나 효과가 있었는지 환자의 자료를 분석해 줘요. 물리치료사는 이 내용을 바탕으로 환자에게 더 잘 맞는 치료를 계획한답니다.

바다 건너편의 섬에 사는 사람들도 치료를 받기 위해 배를 타고 건너오지 않아도 돼요. 가상 현실 기술을 통해 물리치료사와 환자가 만날 수 있어 함께 있지 않아도 괜찮아요. 기술로 만들어진 가상 공간에서 물리치료사와 환자가 만나 치료받을 수 있는 환경이 꾸며질 테니까요. 이 밖에도 물리치료사는 물리 치료에서 쓰이는 기기를 직접 만드는 데 참여하기도 한답니다.

앞으로 물리치료사를 꿈꾼다면 의학 지식뿐만 아니라 첨단 기기를 잘 다루거나 관련 지식도 익혀야 해요.

노인건강관리사

오늘날의 건강관리사는 사람마다 다른 체력의 차이를 잘 이해하고 그에 맞는 관리 방법을 가르쳐 줘요. 건강관리사는 시험을 보고 교육을 받아서 자격증이 있는 사람이 할 수 있는 직업이에요.

앞으로는 늘어난 노인 인구를 대상으로 하는 노인건강관리사가 더 필요해질 거예요. 이들은 늙어 가는 몸에 맞는 관리 프로그램을 계획해요. 또 관리 프로그램을 꾸준히 실천할 수 있도록 가르쳐 주기도 한답니다. 노인건강관리사의 도움을 받아 기초 체력을 튼튼하게 한다면 노인들도 걱정 없이 노후와 미래를 계획할 수 있어요.

바이러스와 난치병의 해결사
생명공학자

- ☑ 활동 분야 : 제약 회사·식품 회사·화장품 회사·의료 연구 기관·환경 연구 기관 등
- ☑ 미래 전망 : ★★★★★
- ☑ 관련 학과 : 생명공학과·생물학과·유전공학과·미생물학과 등
- ☑ 요구 능력 : 탐구심·논리력·인내심

　백신은 각종 바이러스의 위협에서 사람들을 지켜 줘요. 생명공학자들은 물질을 연구해서 사람들을 해치는 바이러스에 맞설 백신을 연구해요. 또 유전자를 분석해서 병을 치료하는 약품을 개발하기도 해요. 미생물 등을 이용해서 안전한 생활용품을 만들기도 하고 오염된 환경을 깨끗하게 하는 데 도움을 주기도 하지요. 그뿐만 아니라 부족한 식량 문제를 해결하기 위한 연구도 생명공학자들이 하는 일이랍니다. 이렇게 생명공학자는 의학과 약학 산업, 식료품 및 자연 과학 연구 분야에서 다양하게 활약해요.

생명공학자는 어떻게 달라질까?

　인공 지능이 등장하면서 단순하고 반복적인 일자리들은 앞으로 사라져요. 이런 가운데 생명 공학 분야는 인공 지능의 도움으로 할 수 있는 연구가 더 다양해질 거예요.

　생명공학자들은 사람들이 건강하고 오래 사는 데 필요한 의약품 개발에 도움을 줘요. 나이 든 사람들을 위협하는 고혈압과 당뇨병처럼 만성 질환을 치료하는 새로운 약을 개발하기도 하고 희귀 질환이나 난치병을 치료하는 약을 만들기도 해요. 예전에는 치료하기 힘든 병을 낫게 할 약을 새롭게 개발하기까지 시간이 오래 걸리고 비용도 많이 들었어요. 인공 지능 컴퓨터가 발달하면서 신약을 테스트하거나 만든 약들을 다양하게 조합하는 과정이 놀라울 만큼 빨라졌답니다.

　환경 오염과 빠르

게 바뀐 기후 변화 때문에 농작물 피해가 많아지는 요즘, 부족한 식량을 대신할 연구에도 인공 지능과 빅 데이터 등의 기술이 많이 쓰이고 있어요. 연구원 수십 명이 반복적으로 해야 할 일들을 인공 지능 컴퓨터가 대신해 주기 때문이에요. 이 덕분에 생명공학자들은 정밀한 분석과 실험을 할 수 있어요. 그만큼 개발에 들던 시간과 비용이 줄어 필요한 연구들을 더 활발히 할 수 있게 됐어요.

첨단 기술을 만난 생명 공학은 여러 곳에서 쓰일 거예요. 바이오 연료를 개발하는 것 외에도 화학·농축산업·수의학 등의 다양한 분야에서 생명공학자들의 활약을 기다리고 있답니다.

'유전자 가위'라는 말을 들어 본 적이 있나요? 쉽게 말하면 병을 일으

키는 원인인 유전자를 잘라 내서 병을 막는 기술이에요. 앞으로는 생명공학자가 특정 유전자를 잘라서 질병 치료와 함께 맞춤형 유전자를 만들 수 있으리라는 기대가 커지고 있어요.

다가올 우주 시대를 대비해 우주선에서 먹을 다양한 음식과 먹거리를 키울 생명체 연구도 생명공학자들의 일이에요. 앞으로 생명공학자를 꿈꾼다면 인공 지능과 빅 데이터 등과 같은 기술을 잘 이해하고 적용할 수 있어야 해요.

바이오해커

기술이 발달하면서 법의 테두리를 벗어나 자유롭게 행동하는 사람들이 생겼어요. 이들 가운데 컴퓨터를 해킹해서 개인 정보를 빼내거나 잘못된 정보를 넣어서 혼란을 주는 해커와 그들을 막는 화이트 해커가 있답니다. 생명공학 분야에도 '바이오해커'라고 불리는 연구자들이 있어요. 대부분의 생명공학 연구가 나라에서 진행하는 커다란 규모라서 필요한 사람들에게 정보가 공유되지 않는다는 것을 의문스러워하는 연구자들이에요. 이들은 생명공학 정보도 민주적으로 자유롭게 모두가 알아야 한다는 생각을 갖고 있지요. 개인이 유전자 조작을 할 수 있다면 어떤 일이 생길까요? 아직은 이를 통제할 법이 없고 정리되지 않은 궁금증이 많아서 바이오해커는 크게 관심을 모으고 있답니다.

반려동물의 생명을 책임지는 또 다른 의사
수의사

- ☑ **활동 분야** : 동물 병원·동물 관련 제약 회사·연구소·방역 관련 업체 등
- ☑ **미래 전망** : ★★★★☆
- ☑ **관련 학과** : 수의학과
- ☑ **요구 능력** : 동물에 대한 관심·관찰력·책임감·성실성

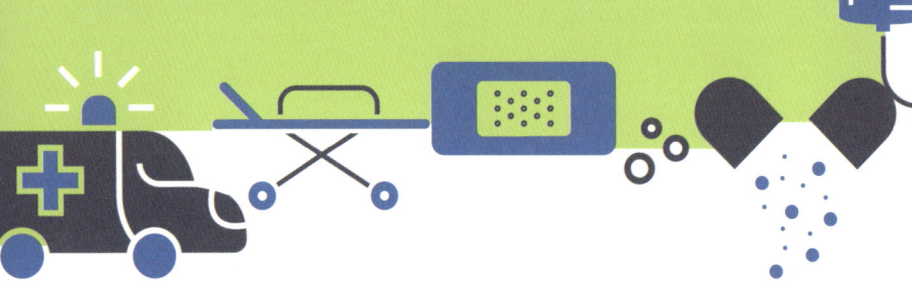

요즘에는 어디에서나 반려동물을 키우는 사람들을 쉽게 찾아볼 수 있어요. 강아지와 고양이처럼 평범한 동물부터 이색 동물에 이르기까지 반려인들의 수는 점점 늘어나고 있지요. 오늘날에는 사람들도 애완동물을 반려동물로 부를 만큼 키우는 동물을 '가족'이라고 생각해요. 반려동물이 아플 때 여러분의 걱정을 덜 수 있도록 정성스레 치료해 주시는 의사 선생님이 '수의사'랍니다.

수의사는 대학에서 6년 동안 수의학을 공부하고 나라에서 치르는 시험에 합격해야 할 수 있는 전문직이에요. 수의사는 동물 병원에서

직접 동물들을 진료할 수도 있고 동물 관련 연구 및 약품을 개발하는 연구소로 가서 일할 수도 있어요. 수의사는 동물들의 질병과 상처 치료, 분만 돕기가 주된 일이에요. 이런 수의사는 인공 지능 시대에 어떤 일을 할지 알아볼까요?

수의사는 어떻게 달라질까?

'수의사'라고 하면 동물 병원에서 반려동물들의 병을 진료하고 수술하는 모습을 떠올릴 거예요. 수술을 마친 반려동물이 잘 회복해서 퇴원하기까지 세심하게 돌보는 일도 모두 수의사의 지도 아래 이루어진답니다.

요즘에는 1인 가구와 노인 인구가 늘어나면서 반려동물의 숫자도 빠르게 늘고 있어요. 그만큼 수의사의 도움이 필요한 사람들도 많아지고 있다는 뜻이에요. 수의사는 사라질 위기에 있는 야생 동물 보존에도 신경 써야 해요. 동물 관련 전문 지식으로 멸종 위기에 놓인 야생 동물들을 보호하고 수를 늘리는 데 노력하고 있답니다.

수의사는 공무원으로서 동물 전염병이 터질 때 나라 차원에서 방역하여 대처하기도 해요. 전 세계가 가까워지면서 나라로 들어오는 가축·조류·어류 등의 병을 관리하는 일도 중요해지고 있답니다. 조류독감과 돼지콜레라와 같은 동물 전염병을 막는 연구도 수의사들이

하는 일이에요. 연구소에서는 전염병을 예방하고 접종할 백신 등을 만들어요. 가축 전염병도 한 번 터지면 축산 농가에 엄청난 피해를 주기 때문에 예방이 중요하거든요.

이렇게 다양한 일을 하는 수의사는 어떻게 달라질까요? 전문가들은 인공 지능과 빅 데이터 기술을 바탕으로 수의학도 더 발전하리라 예측해요. 축산 식품의 과학적 관리와 전염병 예방에 인공 지능과 빅 데이터, 사물 인터넷 등이 쓰이기 때문이에요. 여러분은 시골이 아닌 도시에서 가축을 기르는 모습을 상상해 본 적 있나요? 앞으로는 인공 지능으로 도시에서 가축을 키우는 일이 가능해진답니다. 모니터로 시골에 있는 가축을 24시간 살피고 인공 지능이 가축의 체중이나 면역 상태를 분석해 줘요. 가축들의 유전병과 처방 약 관리도 인공 지능이 한답니다. 이를 바탕으로 수의사가 내리는 전문적인 판단은 굉장히 중요해요.

    실제로 동물들을 촬영한 영상을 판독하고 진단해야 하는 수의사는 많이 부족해요. 인공 지능은 동물 영상을 판독해 빠르게 진단할 수 있도록 큰 도움을 줄 수 있어요. 현재는 동물들의 수의 영상 데이터를 모으는 작업이 한창 이루어지고 있어요.

동물훈련사

동물 관찰 프로그램들이 인기리에 방영되고 있어요. 이 프로그램들에서 말을 못하는 반려동물과 어떻게 교감하고 인간과 더불어 살기 위한 기초 훈련은 어떻게 해야 하는지 알 수 있어요. 방송에서처럼 동물훈련사는 반려동물이 늘어나면서 더 중요한 역할을 맡을 거예요.

빅 데이터를 활용하면 동물의 감정을 분석할 수 있답니다. 이 자료로 보다 정확하게 동물의 감정을 이해하면 훈련도 효과적으로 진행할 수 있어요. 미래의 동물훈련사는 이런 기술을 잘 이해하고 사용할 수 있는 지식이 필요하답니다.

우리 곁의 평생 건강 돌봄 전문가
약사

- ☑ **활동 분야** : 일반 병원·의과대학·약국·제약 회사
- ☑ **미래 전망** : ★★★★☆
- ☑ **관련 학과** : 약학과, 제약학과
- ☑ **요구 능력** : 책임감·친절함·사명감·호기심

우리가 사는 곳에는 학교나 관공서뿐만 아니라 병원과 약국이 늘 가까이 있어요. 병원과 약국은 사람들이 건강하게 살아가는 데 없어서는 안 되는 중요한 역할을 해요. 특히 약국에서 일하는 약사는 사람들의 건강한 생활과 깊은 관련이 있답니다. 약사는 대학에서 약학을 전공하고 나라에서 치르는 시험에 합격해야만 할 수 있는 전문직이에요. 이들은 의사가 내린 처방에 맞게 약을 조제하고 환자에게 약을 먹는 방법과 부작용 등을 알기 쉽게 설명해 줘요. 약국에서 판매할 의약품을 주문하고 사람들이 찾는 간단한 약과 의료 용품을 판매

하기도 하지요. 바이러스가 퍼져 생긴 갑작스러운 병을 막기 위해 마스크를 배급할 때도 지역을 중심으로 적극적으로 활동한답니다. 이 밖에도 약국이 아닌 제약 회사와 같은 곳에서 신약 연구와 약품 성분 분석으로 활약하기도 해요.

약사는 어떻게 달라질까?

미래에는 약국에 첨단 기술이 더해지면서 약사도 새로운 변화를 맞이할 거예요. 지금 하는 업무 가운데 약을 조제하거나 처방이 필요 없는 약품 판매가 많이 줄어들 것이라는 예측이지요. 과거에는 의사가 내린 처방전을 바탕으로 한 약 조제가 약사가 맡은 주된 업무였어요. 미래에는 발전한 과학 기술과 인공 지능이 약국에서 쓰일 거예요. 조제법을 익힌 인공 지능 컴퓨터가 우리 몸에 맞는 약을 만들어 줄 테니까요. 또 간단한 약품이나 의료 용품 판매를 대신해 스마트 무인 약국으로 바뀔 수 있어요.

약사는 앞으로 어떤 일을 할까요? 첨단 기술의 변화를 눈여겨보고 잘 활용하는 전문가로서 활동할 수 있답니다. 도움이 필요한 사람 한 명 한 명에게 맞는 상담 역할이 점차 커진다는 뜻이지요. 환자의 건강 상황과 약물 부작용 등을 빅 데이터의 도움을 받아서 꼼꼼히 살펴보고 상담할 거예요.

　의학과 환자 데이터 분석의 발달로 수명이 늘어나면 노인 인구도 크게 늘어나요. 그렇다면 오랫동안 잘 살펴야 할 병이 있는 환자들도 늘어나겠지요? 당뇨나 고혈압, 심혈관계 질환 등이 이런 병에 속해요. 이런 병은 꾸준히 약을 복용하고 건강에 도움이 되는 생활 습관을 유지해야 나을 수 있어요. 이때 환자 가까이에서 도움을 주는 사람이 미래의 약사라고 할 수 있어요.

　기존의 질병뿐만 아니라 앞으로도 계속 나타날 예상치 못한 바이러스의 위험에 대처하기 위해 약사에게 도움을 받을 수 있어요. 바이러스들을 잘 알지 못하는 사람들에게 쉽게 예방법 등을 전해 주기 때문이에요. 미래에는 가족 건강을 돌보는 전문가로서 약사의 영향력이 커져요. 직접 약국에 찾아가지 않고도 모바일 앱이나 가상 상담실을 통해 만날 수 있어서 24시간 약사와 소통하며 건강을 관리할 수 있답니다.

신약을 개발하는 약사

새로운 약을 만드는 데 수백 억에서 수천억 원이 들어요. 돈뿐만이 아니라 개발 기간도 10여 년이 넘게 걸린답니다. 앞으로 신약 개발 약사들은 인공 지능을 이용해 더 빠르게 약을 만들 수 있을지도 몰라요. 인공 지능을 통해 수많은 실험을 빠르게 할 수 있을 테니까요. 신약 개발 분야의 전문가가 되려면 의학과 약학 지식 등을 비롯해서 인공 지능을 다룰 수 있는 공학적 지식을 갖추어야 해요. 이런 우수한 인력으로 성장한다면 전 세계 어느 나라에서나 환영을 받는 전문가가 될 수 있겠지요. 새로운 약을 개발하여 환자들에게 도움을 줄 수 있다면 도전해 볼 만한 멋진 분야가 아닐까요?

건강한 삶을 지켜 주는 전문가
의사

- ☑ **활동 분야** : 병원, 의과대학
- ☑ **미래 전망** : ★★★★☆
- ☑ **관련 학과** : 의예과
- ☑ **요구 능력** : 생명 존중·사명감·성실함·배려심·책임감

    몸이 아플 때 병원의 의사 선생님을 찾아가 진료를 받지요? 환자를 살핀 의사의 진단에 따라 주사를 맞거나 약을 먹고 병이 심각할 때는 수술을 받아 건강을 찾도록 도움을 받아요. 의사가 되려면 의예과 또는 의학전문대학원을 졸업하고 나라에서 치르는 시험에 합격해 의사 자격을 얻어야 해요. 여기에서 그치지 않고 병원에서 일정 기간 수련을 거쳐야 전문의로 활동할 수 있답니다. 소중한 생명을 다루기에 사람의 몸을 공부해 많은 지식을 쌓고 어려운 실습을 반복하는 까다로운 과정을 거치지요.

의사는 어떻게 달라질까?

여러분은 의사라는 직업을 들으면 무엇이 떠오르나요? 수술실에서 장갑과 마스크를 쓰고 수술하는 모습이 가장 먼저 떠오르지요? 흰색 가운이나 초록색 옷을 입고 청진기와 수술 도구를 들고 환자를 치료하는 모습으로 말이에요. 그렇다면 미래의 의사는 어떤 일을 할까요? 미래 전문가들은 공통적으로 의사들의 모습을 수술실을 나온 의사로 전망하고 있답니다. 의사가 수술하지 않는다면 수술은 누가 하는 걸까요?

이미 10여 년 전부터 로봇을 통해 수술이 이루어지고 있어요. 많은 의료 분야에서 지금보다 더 발전한 로봇이 수술을 진행한다고 해요. 간단한 수술은 물론 아주 작은 나노 로봇으로 환자의 몸에서 혹을 떼고 정리하는 세밀한 수술까지 말이에요.

사람에게는 누구나 자기만의 인체 정보가 담긴 유전자가 있어요. 이 유전자에는 태어날 때부터 신장이 약한지, 고혈압이 잘 걸릴 수 있는지 등을 미리 살펴볼 수 있는 정보가 담겨 있답니다.

미래의 의사들은 인공 지능을 통해 유전자 분석에 따른 환자별 맞춤 진단과 예방, 치료까지 할 수 있어요. 이런 의학 기술과 다른 첨단 기술이 함께 발달해 심한 병과 부상으로 수술실을 찾는 환자들이 줄어들 거예요. 수술이 줄어드는 데는 인공 지능이 들어간 운전자 없이 이동하는 자율주행자동차 덕분이기도 해요. 자율주행자동차가 널리

퍼지면 교통사고를 90% 가까이 줄일 수 있으니 그만큼 다치는 사람도 줄어들 테니까요. 또 교통사고로 생기는 수술과 재활, 응급 치료도 줄어들 거예요.

현재의 의료는 병이나 사고를 당한 뒤에 하는 '치료 중심'이에요. 미래의 의료는 '예방과 수명 연장'을 돕는 역할이 더 커진답니다. 의사는 유전자를 분석한 자료를 바탕으로 병을 예방하도록 음식이나 운동을 통해 생활을 관리해 주는 일을 맡을 거예요.

사람들이 건강하게 나이 들어가는 데 관심이 높아진 만큼 관련 의료 분야도 발달할 예정이랍니다. 노인을 대상으로 하는 심리 상담이나 노화 방지 처방 등이 좋은 예예요. 이렇게 인공 지능과 함께 의사는 미래에도 사람들의 건강을 위해 없어서는 안 될 중요한 직업이에요.

한의사

한의학은 사람의 병을 종합적으로 살펴보고 치료하는 것이 매력이에요. 인공 지능이 함께할 한의학도 미래 지향적으로 바뀌고 있어요. 한약재의 효능을 컴퓨터로 분석하고 환자에게 맞는 약재와 침을 처방하는 시도가 이루어지고 있거든요. 예방 쪽으로도 잘 발달한 한의학이 첨단 기술과 만난다면 양의학이 다루지 못하는 질병을 해결해 줄지도 몰라요. 전문가들은 한의학이 양의학과 서로 부족한 부분을 채워 주며 발전해 나가리라 보고 있지요. 개량 한복을 입은 한의사가 침을 놓는 로봇을 조종하는 일도 머지않았답니다.

신체 약자에게 희망을 주는 전문가
인공신체개발자

- ☑ **활동 분야** : 병원·의과대학·재활 관련 의료 기관
- ☑ **미래 전망** : ★★★★★
- ☑ **관련 학과** : 의예과·의공학과·생명공학과·생물학과·컴퓨터공학과·전자공학과
- ☑ **요구 능력** : 생명 존중·공학적 사고·인내심·창의력

　예기치 못한 교통사고로 팔이나 다리 등을 잃고 살아가는 사람들이 있어요. 이들이 육체적으로 겪는 고통은 말로 표현할 수 없어요. 특히 일상에서 겪는 불편함이 제일 클지도 몰라요. 이들에게는 '의수, 의족'이라고 불리는, 팔과 다리를 대신해 줄 장치가 꼭 필요하답니다. 의수와 의족은 자신의 팔과 다리처럼 잘 움직여지지 않는 문제가 있어요. 게다가 고통이 따르는 일이 많아 사용에 익숙해지기까지 시간이 걸리기도 해요. 이런 문제점을 해결할 방법이 없어 불편하게 의수와 의족을 쓰던 사람들에게 희망이 생겼어요. 3D 프린팅과 같은 첨단

기술이 인공 신체를 만드는 분야에도 널리 쓰이게 되었거든요! 이런 신체를 만드는 주인공이 바로 '인공신체개발자'입니다. 3D 프린팅은 원하는 제품의 설계도만 있으면 실제와 똑같이 만들 수 있는 놀라운 기술이에요. 인공신체개발자는 3D 프린팅 기술로 장기를 만드는 바이오 프린팅 기술 연구를 주로 맡아요. 바이오 프린팅 기술로 인공 장기를 만들려면 먼저 인체에 넣을 생체 흡수성 재료와 세포를 개발해야 해요. 그다음 원하는 장기로 만들 수 있는 틀과 비슷한 3차원 구조물을 개발해야 한답니다.

인공신체개발자는 어떻게 달라질까?

첨단 기술로 만든 인공 신체는 정확히 무엇일까요? 인공 신체는 팔다리처럼 외과 치료가 필요한 부분이나 신장, 심장과 같은 장기를 가리키기도 해요. 오늘날에는 인공 지능 덕분에 발전한 의공학의 도움으로 팔다리뿐만이 아니라 신체의 장기까지 만들 수 있어요.

인공신체개발자는 두 분야로 나뉘어요. 하나는 신체를 보강하기 위해서 연구와 개발하는 분야예요. 또 하나는 몸에 있는 장기들이 약해졌을 때 인공으로 대체하는 연구 분야예요.

먼저 신체를 보완해 줄 연구와 개발 분야를 살펴볼까요? 지금 쓰이는 의수와 의족은 사용자가 불편함을 참고 쓰는 경우가 많았어요.

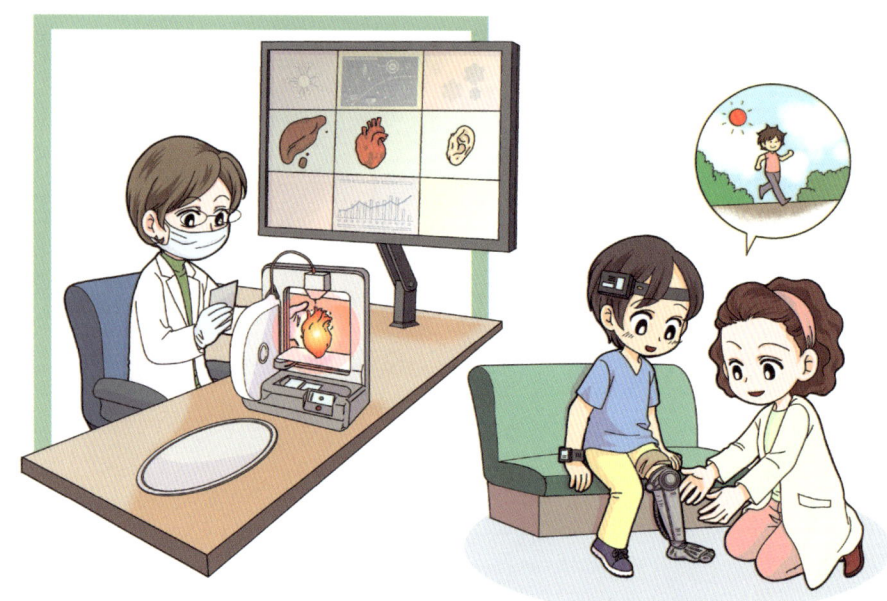

저마다 다른 사람의 특성에 맞게 장치를 만들기보다 사용자가 장치에 있는 스프링의 움직임에 익숙해지도록 노력해야 했지요. 최근에는 사용자의 움직임을 관찰한 뒤 컴퓨터로 분석해서 정밀하게 의수나 의족을 만들 수 있답니다. 몸을 움직이는 방식은 사람마다 다르잖아요? 이에 맞춰 인공 신체를 만드는 거예요. 앞으로는 의수를 착용해도 무거운 짐을 들 수 있고 젓가락으로 콩을 집는 세심한 작업도 할 수 있다고 해요.

미래에는 몸에 입는 웨어러블 기기를 통해서 생각만으로 움직일 수 있다고 해요. 전신 마비 환자가 웨어러블 기기를 쓴다면 인공 팔이나 다리를 움직일 수도 있다는 뜻이에요.

다음으로 인공 장기를 연구하는 인공신체개발자는 어떤 일을 할까요? 이들은 장기가 약하거나 심하게 상한 환자들에게 몸에 맞는 인공 장기를 만들거나 찾아 줘요. 지금까지는 몸에 맞는 장기 기증자가 있다면 희망이 있었지만 그렇지 못한 경우가 대부분이었어요. 많은 환자가 자신에게 맞는 장기를 찾거나 순서를 기다리면서 초조한 시간을 보내왔지요. 이런 문제를 해결하기 위해서 인공 장기 연구가 활발하게 이루어지고 있답니다.

인공 신체 장기는 3D 프린팅 기술로 만들어지기에 다양한 실험이 이루어지고 있어요. 만들어진 인공 장기가 실제 장기처럼 기능하는지 많은 연구가 필요하거든요. 아직은 실험용 조직을 개발하는 수준이에요. 실제로 인공 장기를 만들기까지 적어도 20여 년 이상이 걸리리라 본답니다. 이런 일들을 맡는 인공신체개발자는 첨단 기술의 발달과 함께 관심을 가져야 할 직업이지요.

반려동물인공신체개발자

아끼는 반려동물이 뜻밖의 사고로 다리를 잃거나 심각한 병으로 장기가 약해졌을 때는 어떻게 해야 할까요? 지금까지도 특별한 방법이 없어서 그저 안타까워하는 사람들이 많았어요. 앞으로는 반려동물에게도 인공 신체를 만들어 줄 수 있을 거예요. 병든 장기를 대신할 인공 신체를 만들어서 다시 건강하게 지내도록 도와줄 수도 있지요. 이 분야 역시 인공신체개발자만큼 활발한 연구가 이루어지고 있어요. 관심을 가지고 준비한다면 큰 발전을 이룰 수 있는 미래 직업이기도 해요.

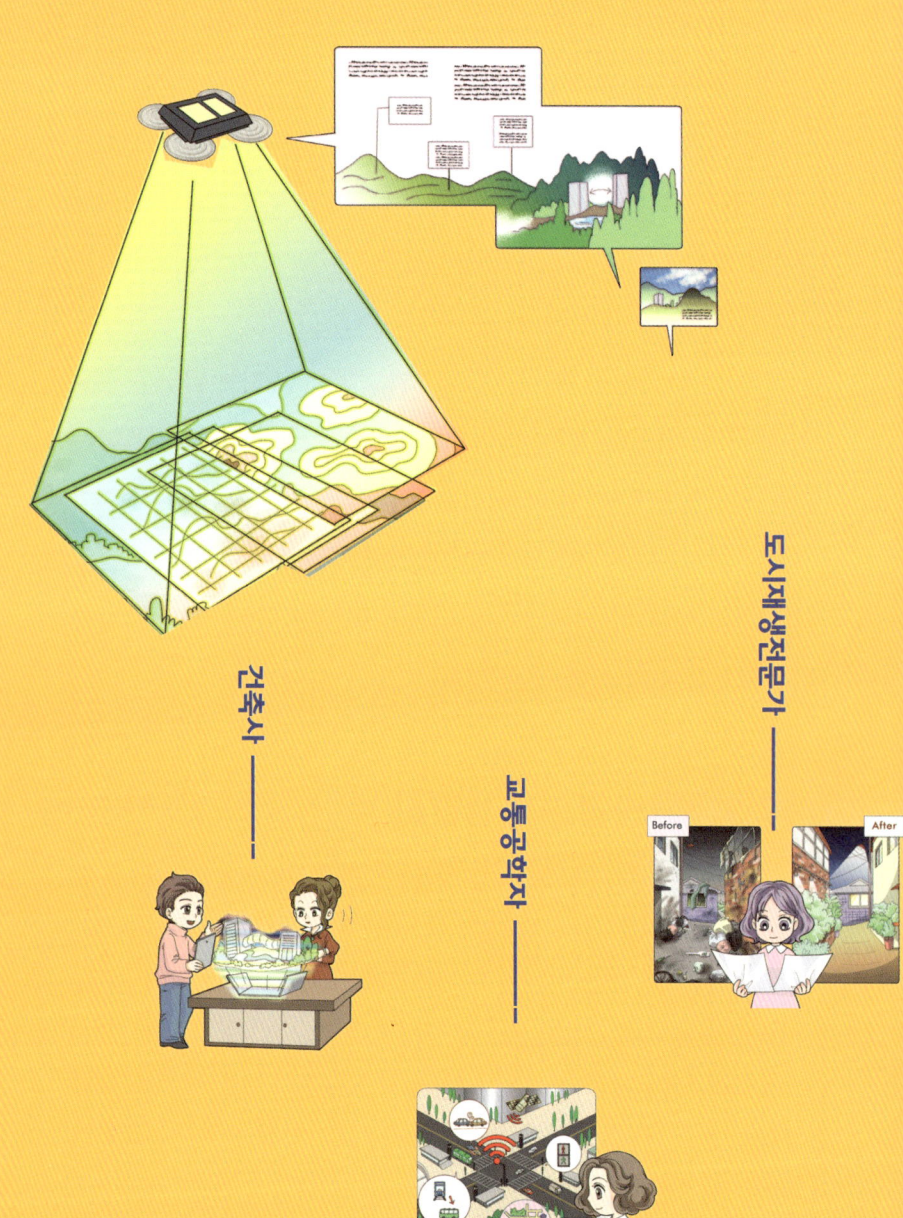

2

살기 좋은 곳을 만드는 스마트 도시 직업 이야기

자율주행설계자

에너지전문가

인공 지능을 만난 스마트 도시

　우리가 살아가는 공간이 최첨단 과학 기술과 만나 멋진 발전을 이룰 때 이 공간을 '스마트 도시(Smart City)' 또는 '스마트 타운(Smart Town)'이라고 해요. 인공 지능·자율 주행·빅 데이터·사물 인터넷 등 최신 IT 기술이 생활 곳곳에 스며든 새로운 미래 공간이지요. 미래의 스마트 도시에서는 인공 지능 기반 기술들이 곳곳에 활용되어 사람들이 사는 집·학교·직장·공원·도로 등이 안전하고 쾌적해질 거예요.

　살기 좋은 공간을 만들어 줄 직업에는 무엇이 있을까요? 또 그 직업들은 어떤 변화를 맞이할까요? 대표적인 사례부터 살펴보기로 해요.

사람들이 사는 공간을 살기 좋게 만드는 직업으로 **건축사**를 볼까요? 건축사들은 건물이나 집을 안전하고 아름답게 짓는 일을 해요. 사람들이 생활하는 곳, 환자들이 머무는 곳, 일하는 곳처럼 다양한 목적에 맞춰서 계획하고 직접 재료를 정한 뒤 짓는 과정 모두를 책임져요. 건축사는 미래에 좀 더 많은 일을 할 직업이 될 거예요. 첨단 기술이 더해진 건물과 집을 지어야 하기 때문이에요. 이들이 지은 집에서 인공 지능은 온도를 재고 침입자가 있는지 판단하고 냉장고의 음식물이 상하지 않도록 관리해요. 이와 같은 편리함을 제공하는 시스템을 설계부터 계획하고 잘 반영해야 해요.

미래의 도시에서는 운전자 없이 달리는 자율주행차도 쉽게 떠올릴 수 있어요. 인공 지능·라이다·레이더 등의 첨단 기술과 함께 초고속 네트워크가 발전해 자율 주행의 시대는 더 앞당겨질 예정이에요. 목적지까지 우리를 데려다줄 자율주행차를 만들고 핸들이 없는 자동차에서 공간을 다양하게 즐기게 해 줄 **자율주행설계자**의 역할은 중요해져요.

자율주행차들이 도로 위를 안전하게 달리도록 도로 교통망을 설계하고 위험 요소를 예방하는 직업도 필요하겠지요? 미래의 **교통공학자**는 무인 자동차·드론·택시의 시대를 대비해서 인공 지능 교통 관리 시스템까지 다루는 전문적인 일을 맡아요. 운전자 없는 교통수단들이 안전하게 다닐 수 있도록 땅의 도로와 하늘의 교통 체계를 만들어 줄 주인공들이지요.

시간이 흐를수록 도시의 생활환경은 점점 낡아져요. 이런 도시를 살기 좋게 바꾸고 높아지는 범죄율을 줄여 사람들이 행복하게 지낼 수 있도록 도시의 환경을 바꾸어 줘야 해요. 이런 일을 하는 전문가가 **도시재생전문가**예요. 이들은 각 도시에 있는 특징을 따져서 활기찬 공간으로 발전하도록 도와주는 중요한 일을 한답니다. 인공 지능이나 사물 인터넷 등과 연결하여 과거에 머무르지 않고 미래 지향적인 생활 공간으로 바꾸는 일을 하지요.

스마트해진 도시에는 그만큼 많은 첨단 기술이 녹아 있어요. 이러한 첨단 기술은 알게 모르게 많은 에너지를 연료로 쓴답니다. 살고 있는 도시에 전원이 끊긴다면 어떤 일이 생길까요? 사람들이 날마다 쓰는 스마트폰도, 노트북도, 게임도 할 수 없고 상점이나 기업 활동도 할 수 없어요. 시간을 다투는 위급한 환자들의 수술이나 치료에도 전기가 필요하기 때문에 사람들의 생명도 안전할 수 없지요. 그렇다면 도시 전체가 멈춰 버릴지도 몰라요. 미래에는 에너지를 효율적으로 사용하도록 계획하는 **에너지전문가**가 주목받을 거예요. 이미 환경 오염을 일으키는 화석 연료를 친환경 연료로 바꿔야 한다는 움직임이 활발하게 일어나고 있어요. 이에 따른 에너지전문가도 필요한 상황이지요.

전기 없는 도시를 상상할 수 없듯이, 미래에는 도시를 재생하거나 건축할 때 친환경 에너지의 공급과 유지가 중요한 요소로 자리 잡는답니다. 에너지전문가는 환경을 보호하고 필요한 곳에 에너지를 공급하도록 연구와 개발을 통해 안전한 생활공간을 만들어 가는 데 중요한 직업이에요.

스마트 도시, 미래 공간의 창조자
건축사

- ☑ **활동 분야** : 건축 및 도시 개발·건설 회사·설계 사무소·스마트 도시 관련 분야
- ☑ **미래 전망** : ★★★★☆
- ☑ **관련 학과** : 건축학과
- ☑ **요구 능력** : 창의력·공간 지각력·소통 능력

    사람들이 살아가는 데 없어서는 안 될 요소로 의식주(衣食住)를 꼽아요. 그 가운데 '주'에 해당하는 집은 잠을 자는 곳만 아니라, 쉼을 주는 공간이기도 해요. 사람의 안전과 바로 이어지기 때문에 집이나 건물 등을 짓는 건축사는 전문가들이 한답니다.

    오늘날, 5년제 건축학과를 졸업하고 건축 사무소에서 3년을 일한 뒤에야 나라에서 치르는 건축 자격 시험을 볼 수 있어요. 이 시험에 합격해야만 건축사라고 할 수 있어요. 건축사는 건물을 계획하고 지은 뒤 잘 지어졌는지 살펴보는 일을 해요. 건축 계획서와 도면을 준

비해 의뢰자에게 설명하고 요구 사항을 담아 설계를 맡아요. 건축 설계에 필요한 땅과 건물, 환경 등을 조사해 자료를 분석하기도 해요. 설계 목표와 조건을 바탕으로 안전하게 집과 건물이 지어지도록 관리한답니다.

건축사는 어떻게 달라질까?

건축 분야는 이미 컴퓨터를 활용한 설계가 잘 발달해 있어요. 여기에 가상 현실·인공 지능·빅 데이터·3D 모델링·사물 인터넷·드론 등 첨단 기술들이 더해져 눈부시게 성장하고 있어요. 이 기술들이 건축에서 어떻게 쓰이는지 알아볼까요?

건물을 새로 짓고 싶은 사람들은 자신의 건물이 어떤 모습일지 궁금하겠지요? 이럴 때 가상 현실로 다 지어진 건물을 생생하게 보여 줄 수 있어요. 또 3D 기술을 통해 입체적인 건물을 지을 수 있답니다. 드론을 이용하면 다양한 각도에서 건축할 땅이나 다시 지을 건물을 제대로 살펴볼 수 있어요. 예전에 건축 관련 종사자들이 직접 해야 했던 일들을 첨단 기술이 맡아 실감 나게 알아볼 수 있도록 해 준답니다. 또 건축 설계에서의 작업 시간을 많이 줄여 줄 수 있도록 도와줄 전망이에요.

미래의 건축사는 어떤 공부를 해야 할까요? 건축에 대한 기본 건축학 지식은 물론 다양한 첨단 기술을 어떻게 건축에 적용할지 잘 이해해야 해요.

 미래의 건축은 건축사뿐만 아니라, 첨단 기술 지식을 갖춘 다른 분야의 전문가와 함께해 더 안전하고 아름다운 건축물을 짓도록 협력하는 과정일 거예요. 또한 미래의 '스마트 도시(Smart City)'는 예술과 공학이 만나는 공간이기도 해요. 예술적 재능이 있는 사람들의 참여

가 두드러질 수 있는 분야로 성장하기를 기대한답니다. 건축의 방향은 사회의 변화와 떨어져서 생각할 수 없기 때문이에요.

앞으로는 환경 오염이 심해지고 나이 든 사람들이 많아지며 가족 구성원에서도 큰 변화가 생겨요. 이에 따라 도시도 시간이 지날수록 변화를 맞이해요. 이런 사회·문화적 배경을 잘 이해한 건축사만이 안전한 공간을 만드는 전문가로 성장할 수 있답니다.

인테리어디자이너

최근 바이러스와 환경의 변화로 실내에서 생활하는 사람들이 늘었어요. 자연스럽게 집이나 상가 등의 쾌적한 실내 공간에 관심이 높아지고 있지요. 인테리어디자이너는 환경 디자인과 시각 디자인, 산업 디자인 등을 공부해 될 수 있어요. 앞으로는 인테리어 분야에도 첨단 기술이 많이 더해질 거예요. 멋진 카페를 세울 의뢰인에게 가상 현실로 새롭게 바뀔 카페 공간을 먼저 체험하게 해 줄 수 있어요. 실내에도 사물 인터넷이나 인공 지능 등의 첨단 기술로 아름답고 실용적이며 편안한 공간으로 꾸밀 수 있답니다.

스마트 도시를 이어 주는 '움직임'의 전문가
교통공학자

- ☑ **활동 분야** : 교통 장비 회사·정부 기관·연구소·교통 정보 제공 관련 회사 등
- ☑ **미래 전망** : ★★★★★
- ☑ **관련 학과** : 교통공학과, 도시교통공학과
- ☑ **요구 능력** : 논리적 사고·추론·도전 의식·성실성

여러분의 학교 주변을 다니는 차량의 속도가 얼마인지 아나요? 도로변에 있는 교통 표지판에는 30, 50처럼 숫자들이 적혀 있어요. 30이라는 숫자는 30km/h 이상으로 차가 달리면 안 된다는 뜻이에요. 자, 이 숫자들은 누가, 어떻게 정했을까요? 이는 교통공학자들이 연구한 끝에 정한 안전을 위한 속도랍니다. 교통공학자들은 복잡해지고 교통수단이 다양해진 도시에서 사람들이 안전하고 이용하기 쉬운 교통 체계를 연구하는 전문가예요. 서울처럼 복잡한 도시에서 교통 신호를 더욱 좋게 바꾸고 버스·택시·자가용·화물 트럭·자전거 등이 원활하

게 다닐 수 있도록 계속 고민하지요.

이들은 교통 시설물과 도로망을 만들기 위해 대상 지역에 사람들이 얼마나 많은지, 교통량은 어느 정도인지 등을 꼼꼼히 조사해요. 이 자료를 바탕으로 도시에서 교통 시설물이 효과적으로 쓰이도록 계획하고 만든답니다. 도로에서 생기는 교통사고도 교통공학자들이 분석해 도로가 안전해질 수 있도록 연구하기도 해요.

교통공학자는 어떻게 달라질까?

발달한 첨단 기술을 바탕으로 하는 '스마트 도시(Smart City)'에서는 누구나 목적지까지 갈 수 있는 그물망처럼 이어진 교통 체계가 빠질 수 없어요. 스마트 도시를 달릴 자율주행차를 생각해 볼까요? 이 자율주행차가 사람들에게 널리 퍼지기 전에 더 먼저 진행되어야 할 중요한 일이 있답니다. 바로 자율주행차와 기존 차들이 사고 없이 도로를 다니도록 하는 '교통 체계 만들기'예요.

지금도 해외의 일부 고속도로에서는 자율 주행 트럭 등이 다니고 있어요. 문제는 도시에 있는 복잡한 길을 달릴 자율주행차를 위해 도로에 어떤 준비가 갖추어져 있지 않다는 점이에요. 인공 지능으로 가는 자율주행차를 판단할 수 있는 신호, 도시에서 자율주행차를 댈 공간, 자율주행차와 다른 교통 수단을 연결하는 방법, 교통사고를 처리

하는 방법 등, 도시에는 준비할 사항이 정말 많아요. 이 많은 연구를 교통공학자들이 담당하고 있어요.

교통공학자들은 도시가 어떻게 바뀌는지 주의 깊게 데이터를 살피고 연구해야 교통 시스템을 더 좋게 바꾼답니다. 점차 고령 인구가 많아진다면 횡단보도의 신호등 대기 시간이나 계단보다는 에스컬레이터나 엘리베이터 등처럼 자동화된 도시의 이동 수단을 배려해야 하지요. 장애인들 또한 이동에 불편이 없도록 도시 교통을 설계하는 노력이 필요해요. 최근에는 교통공학자들이 환경 오염에도 크게 신경을 쓰고 있어요. 도시를 오가는 버스나 자동차 등에서 나오는 매연이 환경 오염으로 이어지기 때문이에요. 교통공학자는 도시나 시골 어디든 교통수단에서 나오는 매연으로 생길 환경 오염을 줄이려고 노력한답니다. 전기 자동차나 전기 트램 등의 계획이 그 결과예요. 차량으로 생기는 소음과 진동, 도로의 파손이 적게 하는 방법도 빼놓을 수 없는 연구 주제이지요. 집에서부터 목적지까지 여러 이동 수단으로 안전하게 도착하도록 하는 교통 시스템을 개발하고 있어요.

교통 공학은 도전할 과제가 많다는 점에서 미래가 밝아요. 1인용 드론, 1인용 자동차 등 첨단 기술을 이용한 이동 기기들을 많이 개발해야 하거든요. 이에 맞추어 교통공학자들의 연구도 인공 지능·5G·사물 인터넷 등과 관련해서 늘어날 전망이에요. 우리나라보다 교통 상황이 좋지 않은 나라에 도움을 줄 수 있을 만큼 글로벌한 도전이 가능한 분야가 교통 공학이기도 하답니다.

교통사고전문변호사

지금도 도로에서 교통사고가 생기면 법원에서 책임을 가리곤 해요. 이때 양쪽 변호사들은 손해를 어떻게 해결할지 비율을 가지고 법적으로 논쟁을 벌여요. 앞으로 스마트 도시에서 자율주행차가 사고를 낸다면 누가 책임져야 할까요? 스마트 도시의 도로에서는 모든 사건이 기록되고 인공 지능으로 움직이는 무인 자동차의 오류도 데이터로 분석해요. 법원에서 잘못을 가리기보다 컴퓨터 분석으로 어느 쪽 자율주행차가 잘못했는지 가리겠지요. 이처럼 미래에는 교통사고를 전문으로 하는 변호사들의 일이 자율주행차와 관련한 법률을 분석하고 사고가 난 자율주행차를 관리하는 기관을 대상으로 하는 일이 달라질지도 몰라요.

살기 좋은 미래 도시를 만들다
도시재생전문가

- ☑ **활동 분야** : 도시 개발·건축·건설 관련 회사
- ☑ **미래 전망** : ★★★★☆
- ☑ **관련 학과** : 건축학과·도시공학과·환경학과·도시행정학과
- ☑ **요구 능력** : 창의력·기획력·책임감

우리나라에는 인구가 약 1000만에 달하는 서울을 비롯해 인구가 많은 부산, 광주 등 6개의 광역시가 있어요. 이 도시들은 어떤 곳을, 어떻게 만들어야겠다고 처음부터 계획한 도시들이 아니에요. 자연스럽게 경제·교육·의료·문화의 중심지가 된 곳이지요. 좁은 지역에 높은 아파트와 학교, 쇼핑센터 등 필요한 건물이 지어졌어요. 이곳에 사는 사람들도 점점 많아지고 시설들도 늘어나요. 그렇다면 자연스럽게 교통이 붐비고 매연과 생활 쓰레기로 오염되는 일이 생기겠지요? 도시재생전문가는 정부·지자체·기업 등에서 도시 재생과 관련한 의뢰를

받아요. 재생할 대상 지역을 탐방하여 지역의 역사·문화·특징·고유 환경 등을 살핀답니다. 이 밖에도 지역에서 가장 큰 자산과 사회적 문제 및 이해관계 등을 조사해요. 이를 바탕으로 지역의 비전과 경제를 키우고 더 좋은 환경이 만들어지도록 다양하게 기획해요. 재생 사업이 시작된 뒤에는 도시 재생과 관련한 지식을 교육하고 계획이 막힘없이 진행되도록 조정해요.

도시재생전문가는 어떻게 달라질까?

앞으로 산업화가 빠르게 진행될수록 우리가 사는 터전을 좋게 바꾸려는 고민들도 함께 늘어나요. 도시재생전문가는 이렇게 몸살을 앓는 도시를 살기 좋은 환경으로 바꾸는 일을 한답니다. 지역의 역사와 문화, 주민들의 요구 사항을 잘 듣고 그에 맞는 도시로 살리는 일을 우선하지요.

서울 종로에는 한옥으로 이루어진 북촌 마을이 있어요. 오래된 한옥들이 모인 이곳의 바로 옆에는 현대적인 빌딩이 늘어서 있어요. 서로 다른 분위기를 가진 이곳을 어떻게 발전시켜야 할지 고민이 필요할 거예요. 도시재생전문가는 이런 곳을 탐방하고 옛 모습을 더 멋지게 살릴지, 신도시로 바꾸어 갈지 검토해요. 북촌 마을은 한옥의 아름다움을 살리고 오랜 역사의 가치를 더 이어 가자는 방향으로 계획을 정리했어요. 더욱 예스럽고 깔끔함을 간직한 도시로 재생 계획이 성공한 사례이지요.

미래의 도시재생전문가는 어떤 일을 할까요? 첨단 기술들을 잘 이용해서 환경과 범죄, 노령화로 살기가 불편해진 지역들을 바꾸어 갈 거예요. 어두컴컴한 지역에서 범죄가 많이 생긴다는 빅 데이터를 바탕으로 그 지역마다 스마트 센서가 있는 전등을 달아 줘요. 쓰레기를 몰래 버리는 사람들이 많은 지역에는 CCTV와 사물 인터넷을 통해 실시간으로 환경을 관리하도록 설계하기도 하지요.

앞으로 나이 많은 사람들이 많아져도 문제없어요. 어르신들이 움직이기 힘든 지역을 미리 살펴 에스컬레이터를 설치하거나 어르신들도 안전하게 다닐 수 있도록 첨단 기술을 활용할 테니까요.

도시재생전문가는 지역 전체의 전력·수력·날씨·교통 등의 문제를 해결하기도 해요. 이때 인공 지능·빅 데이터·클라우드(인터넷에 마련한 서버에 문서나 사진 등의 파일과 정보를 저장하는 시스템) 등의 도움을 얻어야 하기에 관련 지식이 있어야 해요. 나아가 지역 주민들이 자주 찾고 필요로 하는 공간들을 분석하여 만드는 일에도 첨단 기술을 이용해요. 이렇게 지역 주민들의 생활 만족도를 높여 줄 도시재생전문가는 미래와 딱 맞는 직업이지요?

도시안전관리사

앞으로 도시는 촘촘히 이어진 망으로 시스템 하나에서 전체를 관리할 거예요. 드론과 사물 인터넷으로 갑작스러운 날씨 변화나 재난에 피해를 입은 지역을 알아내 바로 대응할 수 있는 전문가가 필요해요. 도시안전관리사는 도시의 안전과 쾌적한 생활을 누리게 해 주는 미래에 꼭 필요한 직업이에요.

도시재생스토리텔링전문가 도시 재생에는 지역에 맞는 이야기가 담겨야 주민들이 공감할 수 있어요. 이를 위해서 도시와 가장 어울리는 자원을 분석해 멋진 아이디어를 내고 계획해야 해요. 도시재생스토리텔링전문가는 지역마다 다른 역사와 문화, 관광과 인적 자원을 잘 모아 알맞은 가치가 담긴 도시를 세우는 데 도움을 줄 수 있어요.

스마트 도시의 전력 지킴이
에너지전문가

- ☑ **활동 분야** : 태양광·풍력·수소 발전소·기업 등
- ☑ **미래 전망** : ★★★★☆
- ☑ **관련 학과** : 전기공학과·신재생에너지공학과·에너지관리학과·에너지자원공학과 등
- ☑ **요구 능력** : 공학 지식·호기심·창의력

    사람이 살아가는 데 필요한 요소에는 무엇이 있을까요? 공기·물·먹을거리·집을 들 수 있어요. 이 외의 것을 생각한다면 '전기'를 들 수 있어요. 여러분은 전기 없이 살 수 있나요? 사람들의 생활을 편리하게 해 주는 스마트폰·TV·게임기·노트북 등이 없는 생활은 상상하기 힘들 거예요. 이런 기기들과 냉장고·세탁기·엘리베이터 등을 비롯해 지하철이나 자동차까지 전기로 움직이니까요.

    전기는 주로 화력·수력·원자력 발전에서 얻어요. 발전소에서 나온 전기는 전력선을 통해서 기업·상가·공공시설·가정 등으로 보내져요.

전기는 그냥 만들어지지 않고 탄소를 많이 배출하는 석탄이나 석유를 재료로 만들어진답니다. 최근에는 환경 오염과 안전 문제로 석탄 연료가 아닌 새로운 에너지를 찾는 움직임이 활발해지고 있어요. 이때 에너지전문가의 역할은 정말 중요하지요. 에너지가 필요한 분야를 미리 계획하고 어떤 에너지를 쓸지 에너지전문가가 정하기 때문이에요. 또 에너지를 어떻게 생산할지 고민하고 재활용할 수 있는지 깊이 연구한답니다. 그만큼 어려운 분야이지만 환경을 보호하면서 많은 사람에게 필요한 에너지를 제공한다는 사명감이 큰 직업이기도 해요.

에너지전문가는 어떻게 달라질까?

지금 에너지전문가들은 화력이나 원자력 발전소 등에서 일하고 있어요. 앞으로는 태양광·풍력·바이오 에너지·수소 에너지를 다루는 에너지전문가가 많아질 거예요. 세계적으로 석탄과 석유로 전기를 만드는 방식에서 자연에서 나오는 재료를 써 에너지를 만드는 방식으로 바뀌고 있거든요. 석탄이나 석유는 곧 사라질 연료예요. 계속 캐 쓰면 언젠가 없어진다는 점 외에도 엄청난 탄소를 배출해서 대기를 오염시킨다는 문제점 때문에 에너지전문가들의 고민이 커지고 있지요. 오늘날의 에너지 기술은 지금보다 훨씬 안전하고 다양한 에너지를 생산할 수 있도록 계속 발전하고 있어요. 자, 어떤 에너지가 어떻게 쓰이고 있

는지 살펴볼까요?

먼저 집의 지붕에 있는 특별한 장치에서 새로운 에너지를 찾아볼 수 있어요. 도시의 바깥에 있는 주택들의 지붕에 놓인 패널이 그 장치랍니다. 이 태양광 패널은 낮의 태양 빛을 저장해 에너지로 바꾼 뒤 난방이나 전력으로 쓰게 해 줘요. 자동차에서도 특별한 변화를 찾아볼 수 있어요. 휘발유 대신 전기로 달리는 전기 차가 점차 늘어나고 있거든요. 앞으로는 수소에서 뽑아낸 전기로 달리는 수소 전기 자동차가 더 많아질 거예요. 이 밖에도 폐목재·볏짚·농축산물 부산물·음식 쓰레기 등을 발효시켜 에너지로 쓰는 바이오매스(Biomass)가 점차 주목받을 거예요. 말 그대로 '쓰레기'를 에너지로 쓰는 수준까지 기술이 발전하고 있지요.

미래의 스마트 도시에서 에너지는 도시 전체를 촘촘히 이어 주는 중요한 요소예요. 스마트 도시를 세운다면 에너지를 어떻게 마련할지 먼저 생각해야 할 만큼 에너지가 중요해졌답니다.

미래의 에너지전문가는 어떤 에너지의 전문가가 될지 고민해야 해요. 수소 관련 에너지전문가가 될 수도 있고 태양광이나 풍력 관련 에너지전문가가 될 수도 있으니까요. 또 바이오매스 에너지전문가가 되어서 에너지도 생산하고 환경도 보호하는 일에 도움을 줄 수 있어요. 이처럼 친환경 에너지가 늘어날수록 미래의 에너지전문가가 활약할 분야도 늘어나겠지요.

에너지관리사

농사를 주로 짓던 옛날에는 창고의 곡식을 지키는 일이 아주 중요했어요. 오늘날에는 농사를 짓고 곡식을 지키는 일만큼이나 도시의 에너지를 잘 지켜서 제때 공급하는 일이 아주 중요해졌어요. 공장을 돌아가게 하고 병원·학교·기업·쇼핑몰·가정·자율주행차의 원동력이 될 에너지는 계속 끊이지 않고 공급되어야 해요. 에너지를 바탕으로 하는 스마트 도시에서 에너지를 관리해 주는 에너지관리사는 꼭 필요하답니다. 작게는 가정이나 건물 단위부터 크게는 정부 기관이나 기업 등에서 안전하고 불편 없이 에너지를 쓰도록 관리하는 일을 누군가 해야 하기 때문이에요.

인공 지능으로 달리는 차를 만드는 사람
자율주행설계자

- ☑ **활동 분야** : 도시 계획, 교통
- ☑ **미래 전망** : ★★★★★
- ☑ **관련 학과** : 컴퓨터공학과·전기전자공학과·소프트웨어학과·미디어학과
- ☑ **요구 능력** : 공학적 호기심, 이동체에 대한 관심과 창의성

　　지금은 가고 싶은 곳까지 사람이 직접 차를 운전해요. 직접 운전하든, 다른 사람이 운전하는 차에 타든 누군가 자동차를 움직여야 해요. 교통 신호와 거리를 오가는 사람들, 자동차 연료 등 운전하는 사람이 신경 써야 할 부분은 정말 많아요. 그렇다 보니 예기치 못한 사고가 많이 생기기도 해요. 앞으로 인공 지능이 운전하는 차에 타면 이런 일들이 줄어들 거예요. 인공 지능은 물론, 주변의 변화를 바로 알아내는 기술(센싱 기술)과 그 변화를 운전 시스템에 보내는 초고속 네트워크 기술 덕분에 이런 일이 가능해졌어요. 이 모두를 갖춘 자동

차를 '자율주행차'라고 해요. 교통 신호도 척척 알아보고 스스로 출발하거나 멈추고, 운전하다가 다른 차량이나 사람, 동물이 나타났을 때도 부딪히지 않게 운전하는 '똑똑한 차'이지요. 이 차에 탄 승객들은 목적지까지 편하게 영화를 보거나, 일하면서 차 안을 새로운 '공간'으로 이용할 수 있답니다.

자율주행설계자는 어떻게 달라질까?

우리가 타고 다니는 자동차의 역사는 100년도 훨씬 넘었어요. 요즘 전기로 달리는 차에 왜 관심이 높아졌을까요? 자동차가 배출하는 탄소가스로 환경 오염 문제가 심각해지고 있거든요. 더 나아가 지구에서 점점 없어지는 석유를 대신할 방안으로 전기 차가 큰 관심을 받게 된 거예요. 전기 차와 우리가 지금까지 타 온 자동차의 가장 큰 차이는 무엇일까요? 전기 차는 '엔진'이 없이도 움직일 수 있다는 점이에요. 그렇다면 전기 차를 움직이게 하는 것은요? 바로 '배터리'입니다. 평범한 자동차의 엔진은 자리도 많이 차지하고 가스를 끊임없이 내뿜어 환경을 오염시켜요. 이와 달리 전기 차는 작은 배터리로 자동차 바퀴를 굴러가게 하고 매연을 뿜지도 않아요. 이 덕분에 미래의 자동차로서 큰 관심을 받고 있답니다.

전기 차는 앞으로 자율 주행 기술을 적용해서 더 발전할 거예요.

　자율주행설계자는 운전자 없이도 차가 목적지까지 스스로 움직이도록 해 주는 '자동차용 컴퓨터'를 만드는 일을 한답니다. 그뿐만 아니라, 차에서 이루어지는 모든 일을 기획하고 설계하는 일을 해요. 차가 운전자 없이 목적지까지 알아서 이동하고 주차하는 일은 기본에 차 안에서 다양한 일을 할 수 있도록 설계하지요.

　차 안에서 잘 수 있게 창문과 조명을 어둡게 해 주는 일, 차를 타고 가면서 사무실에 있는 직원들과 화상 회의를 하게 도와주는 일, 승객 각각이 다른 영화를 볼 수 있게 다양한 스크린을 보여 주는 일, 이동 중에 응급 상황이 생기면 즉각 병원에 연락하는 일 등, 일상의 모든 일을 차 안에서 할 수 있도록 돕는 일을 설계한답니다. 이미 개발이 진행된 버스와 트럭 등은 허가를 받은 도로를 주행하고 있어요. 미래에는

1인용 자동차, 2인용 자동차 등 다양한 자율주행차가 나올 거예요.

자율주행설계자는 승객에 따라 '맞춤 설계'도 할 수 있어요. 이동하기 어려운 휠체어를 탄 승객에게 맞는 실내 환경을 설계하여 편안하게 목적지까지 이동하도록 도와주기도 하고요. 앞을 볼 수 없는 승객에게 인공 지능 음성 서비스를 통해서 차창의 아름다운 풍경과 길가에서 벌어지는 흥미로운 일들을 안내해 줄 수 있답니다. 이 멋진 일들을 하려면 차 안의 컴퓨터 시스템을 이해하고 능숙하게 다루는 지식과 경험이 있어야겠지요? 또 다양한 이용자의 요청에 도움이 되는 설계를 하겠다는 노력이 필요하답니다.

왜 전기 차를 바탕으로 만들까?

전기 차는 왜 자율주행차의 바탕이 될까요? 자율주행차는 하나의 컴퓨터로 연결되어 운전과 정지·돌발 상황 대처·온도 조절·내비게이션·음악 듣기·전화하기·인공 지능으로 집에 도착하기 전 불 켜기 등을 하는 데 필요한 엄청난 배터리를 공급해 줄 수 있기 때문이에요. 전기 차 배터리는 운행하는 데도 전력을 쓰지만 다양한 일을 차 안에서 할 수 있도록 돕는 데에도 필요하지요.

지금은 자율주행차 개발에 전기 차가 주로 활용되지만 수소로 가는 자율주행차도 개발하고 있답니다. 자율주행설계자들은 가장 작은 배터리로 최대의 에너지를 활용하는 친환경 방식에 관심이 높답니다. 따라서 미래에는 자연을 보호하면서, 필요한 에너지를 쓰는 분야의 직업도 큰 관심을 받으리라 기대하고 있어요.

미디어콘텐츠제작자

가상현실전문가

게임기획자

즐거움을 만드는
예술과 문화 직업 이야기

예술가 —

요리사 —

패션디자이너 —

인공 지능을 만난 예술과 문화

 인공 지능 시대에는 창작의 세계가 어떻게 달라질까요?
 흔히, 사람들은 예술과 4차 산업 혁명은 거리가 멀다고 생각했어요. 인공 지능 로봇이 아무리 발전해도 음악이나 미술과 같은 창작에는 큰 영향을 미치지 않을 것이라고 여겼지요. 인공 지능은 단순하면서도 반복적인 일만을 대체한다고 생각했으니까요. 그러나 빅 데이터 기반의 인공 지능 작곡 프로그램은 청소년들이 주로 듣는 음악을 분석해 가상의 작곡가를 통해서 청소년들이 좋아할 음악을 만들 정도로 발전하고 있답니다. 최근에는 인공 지능으로 쓴 소설책도 등장했어요. 전문가들은 머지않아 인간 고유의 영역이었던 다양한 창작 분야가 인공 지능과 함께하리라고 내다봐요. 그렇다면 미래에 예술 관련 직업들은 어떻게 달라지는지 살펴볼까요?

먼저, **가상현실전문가**라는 새로운 직업의 인기가 커질 거예요. 가상 융합 현실이라고 불리는 미디어 기술의 개발자들이 가상의 세계에서 창작가로 떠오른다는 뜻이에요. 미래 사회는 수많은 가상 플랫폼(온라인에서 생산·소비·유통이 이루어지는 곳)에서 소통과 거래가 이루어져요. 이러한 무대를 만들어 줄 가상현실전문가들의 능력이 필요해진답니다.

게임기획자도 활동 분야가 넓어져요. 게임뿐만 아니라, 학교 교육·의료 실습·소방대원과 군인의 현장 실습을 게임으로 만들어서 교육 효과를 높이는 일을 할 거예요.

이번에는 음악가·미술가·성악가·무용가 등의 **예술가**들을 살펴볼까요? 전통적인 예술 분야에도 인공 지능과 같은 첨단 기술이 두루 스며들 예정이에요. 가상의 세계에서 춤을 추는 무용가, 메타버스 공연장에서 노래하는 성악가, 자신의 아이디어를 인공 지능 컴퓨터로 그리게 하는 미술가, 인공 지능 음악 로봇으로 작곡하는 음악가 등이 많은 사람에게 즐거움과 메시지를 주는 창작 활동을 멋지게 펼칠 거예요.

이전에는 인간만이 **요리사**를 할 수 있다고 여겼어요. 맛있는 요리로 사람들의 입맛을 만족하게 해 줄 '손맛'은 사람에게만 있으니까요. 최근에는 요리하는 로봇이 다양하게 개발되면서 상황이 달라졌어요. 요리 로봇이 상업화된 식당의 음식 맛에 상당히 가깝게 요리할 수 있거든요. 요리사 역시 반복적인 일이 줄어든 만큼 요리의 질에 더 신경 쓸 수 있는 직업으로 바뀔 예정이에요.

요즘 유튜브를 통해 유익하고 재미있는 영상들이 쏟아져 나오지요? 이런 영상들을 만드는 유튜버가 꿈인 친구들이 많아졌어요. 이렇게 자신만의 콘텐츠를 개발해서 직업으로 삼는 일이 앞으로는 더 많아진답니다. 이 **미디어콘텐츠제작자**도 여러 첨단 기술을 바탕으로 콘텐츠를 더 생생하게 만드는 일을 할 거예요. 지금 사람들이 보는 영화·연극·유튜브 동영상뿐만 아니라, 미디어 플랫폼에 맞게 개발하는 일에도 창의력과 도전이 필요하겠지만요.

대량 생산보다는 맞춤 생산이 주목을 받는 요즘, **패션디자이너**라는 직업에도 변화가 생기고 있어요. 나에게만 어울리는 맞춤형 패션을 위해 4차 산업 혁명의 기술이 더욱 필요해졌거든요. 옷을 갈아입는 번거로움 없이 내 마음에 드는 옷을 언제, 어디서나 여러 번 입어 볼 수 있지요.

이번 장에서는 인간 고유의 영역이라고 생각했던 예술의 영역에서 새롭게 등장하는 직업과 달라질 일들을 살펴보려고 해요. 아직

기술의 미완성과 적용 분야의 제한은 분명히 있어요. 앞으로 더욱 많은 예술 분야에서 첨단 기술이 어떻게 관련 직업들을 도울지 이야기할게요.

가상현실전문가

가상과 미래 사회를 연결하는 연출가

- ☑ 활동 분야 : 의료·게임 회사·교육 기관·국방 관련 분야 등
- ☑ 미래 전망 : ★★★★★
- ☑ 관련 학과 : 컴퓨터공학과·소프트웨어학과·디지털영상학과 등
- ☑ 요구 능력 : 기획 능력·공간 지각 능력·창의력·미학적 감각

　가상 현실 기기는 현실 세계에서 보지 못한 것을 진짜처럼 보여 주는 도구예요. 과거나 미래의 것을 눈앞에서 보듯 생생하게 말이지요. 여러분은 아마도 가상 현실 기기를 한두 번쯤 써 봤을 거예요. 이 기기를 쓰면 중세 시대를 직접 체험할 수도 있고 우주를 탐험할 수도 있어요. 가상현실전문가는 3D와 가상 현실 모델링 언어(실제 세계에 가깝도록 가상 현실을 나타낸 인터넷 프로그래밍 언어)로 기획자가 원하는 콘텐츠를 가상의 세계에서 만들어요. 사람들이 쓰는 기기에 따라 조작 장치 등을 만들기도 하고 만든 3차원 가상 현실에 오류가 없는지 살피고 수정해 완성도

를 높이는 일도 진행한답니다.

가상 현실 기기는 처음에 게임 분야에서 많이 쓰였어요. 이런 가상 현실 기술이 더 발달하면 생각하지 못했던 분야에서도 첨단 미디어 기술이 넓게 쓰일 수 있어요.

가상현실전문가는 어떻게 달라질까?

가상 현실 기술은 많은 사람이 즐기는 판타지 게임에 꼭 필요해요. 요즘에는 게임뿐만이 아니라 교육 분야에서도 가상 현실이나 증강 현실을 더한 융합 현실 기술이 소개되고 있어요. 이 기술이 어떻게 쓰이고 있는지 살펴볼까요? 호주에 사는 어린이들은 크리스마스에 눈을 볼 수 없어요. 지구의 남쪽에 호주가 있기 때문이에요. 그런 친구들에게 '화이트 크리스마스'는 영화 속의 일이랍니다. 그렇다면 눈이 오는 크리스마스를 체험하도록 가상으로 콘텐츠를 만든다면 어떨까요? 이처럼 현실에서 겪을 수 없는 일들이 가상 융합 현실 콘텐츠에서 가능해진답니다.

이러한 기술은 역사를 공부할 때도 유익할 수 있어요. 먼 옛날의 시대로 돌아가서 그림을 그리는 김홍도가 되기도 하고 시를 짓는 신사임당이 될 수도 있으니까요. 이렇게 미디어와 관련한 첨단 기술은 지식을 이해하고 생생하게 공부할 수 있도록 도와주는 좋은 교재가 되어 줘요.

의료 분야에서 가상 융합 현실은 환자들의 고통을 줄여 줄 수 있어요. 생생한 게임을 통해서 말이지요. 환자뿐만이 아니라 수술 장면을 360도 카메라로 찍어 의학 전공자들이 생생하게 살펴볼 수 있도록 도와줄 수도 있어요. 수술실에 들어갈 수 있는 의료진이 정해져 있어도 문제없어요. 첨단 미디어 기술로 중요한 수술 과정을 한 번에 공부할 수 있게 해 주니 수많은 의료진이 많은 생명을 살리는 데 큰 도움을 줄 거예요.

 이 기술은 생명을 지키는 일에도 널리 쓰일 수 있어요. 소방 훈련을 할 때 실제 불이 나는 환경에서 연습하면 정말 위험하겠지요? 가상 융합 현실에서는 안전하면서도 생생하게 위기 상황에 대처하는 방

법을 훈련할 수 있어요.

　위험한 무기나 폭발물을 가지고 훈련하는 군인들에게도 큰 도움을 줘요. 갖은 위험 상황을 첨단 미디어 기술로 실제처럼 꾸미면 다치는 일 없이 훈련할 수 있을 테니까요.

　자동차를 만들 때도 아주 유용해요. 예전에는 자동차에 사용될 부품을 사람들이 직접 들고 조립했어요. 이제는 자동차를 디자인할 때 가상 융합 현실에서 부품을 들고 무게가 얼마인지 컴퓨터 모니터에 기록해 편리하게 자동차 모델을 만들 수 있어요. 새로운 모델을 개발할 때 엄청난 돈이 드는 걸 생각하면 정말 효율적이지요? 가상 융합 현실에서 자동차 만들기는 비용을 아끼는 데도 효과를 톡톡히 발휘한답니다.

　옷을 사러 가지 않고도 여러분의 치수만 알려 주면 딱 맞는 옷을 가상 융합 현실에서 여러 번 입어 보고 고를 수도 있어요.

　앞으로 가상현실전문가들이 일할 분야는 셀 수 없을 정도로 많아져요. 특히 세계적인 감염병 사태로 사람을 만나지 않고 일하거나, 공부하거나, 노는 경우가 많아진다면 더욱 빛을 발하겠지요. 이들은 점점 가상 융합 현실과 미래에 나올 또 다른 첨단 미디어 기술로 일하는 영역을 넓힐 거예요. 앞으로는 이들의 창의력 덕분에 사람들의 삶이 더 멋지게 변하리라는 전망이 많아요.

가상과 현실을 이어 주는 탐험가
게임기획자

- ☑ **활동 분야** : 게임 회사·교육·미디어·의료·제조·군사 분야 등
- ☑ **미래 전망** : ★★★★☆
- ☑ **관련 학과** : 컴퓨터공학과·미디어학과·그래픽디자인학과 등
- ☑ **요구 능력** : 창의력·도전 의식·소통 능력·호기심

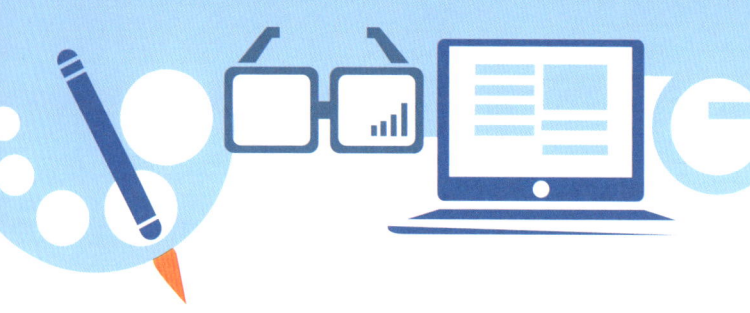

　남녀노소 가리지 않고 좋아하는 게임에는 다양한 장르가 있어요. 액션·RPG·아케이드 등의 장르로 사람들에게 무궁무진한 즐거움을 주는 게임은 다양한 마법 효과와 재미 때문에 앞으로 시장이 더 커질 전망이지요. 예전에는 게임을 어린이들만 하는 놀이로 생각하곤 했어요. 이제 나이와 취향에 따라 다양하게 선택할 수 있는 특별한 여가로 자리 잡고 있어요. 이렇게 흥미진진한 게임은 게임기획자들의 손을 거쳐 여러분과 만난답니다. 이들은 어떤 일을 할까요? 게임을 만들기에 앞서 각종 자료를 모아 사람들이 어떤 게임을 좋아할지 먼저

파악한 뒤 아이디어를 내 토론해요. 게임의 장르와 대상 연령층, 게임하는 데 필요한 최소 컴퓨터 시스템, 게임의 난이도 등을 정해요. 세세하게는 게임에 나올 캐릭터들의 역할과 특징 및 대사를 쓰고 게임 이야기의 큰 흐름을 만들어요. 이런 기획 의도를 이해하기 쉽게 그래픽디자이너나 프로그래머 등에게 전해 테스트 게임을 만든답니다. 게임의 몰입도를 높여 줄 음악이나 그래픽 디자인도 꼼꼼히 살피고 출시 뒤의 마케팅도 챙겨야 하지요.

게임기획자는 어떻게 달라질까?

처음에 PC나 모바일 게임은 단순히 오락을 위해 만들어졌어요. 즐거운 놀이의 하나로 생각해 게임을 하는 것은 곧 '노는 것'이라고 생각했지요. 오늘날에는 게임이 활용되는 분야가 사람들의 생각 이상으로 점차 넓어지고 있어요. 어려운 개념을 쉽게 알려 주는 교육용으로 만들어지기도 해요. 또 치매 환자들을 돕거나 다친 환자들이 재활할 수 있도록 하는 의료용 게임 등까지 다양하게 나오고 있답니다. 이뿐만이 아니에요. 실행하기 어렵거나 돈이 많이 드는 산불 진화나 재난 구조, 군사 훈련에도 게임이 쓰이고 있어요.

게임이 널리 쓰이면서 유능한 게임기획자들이 필요해졌어요. 게임기획자는 어떤 목적의 게임인지도 잘 이해해야 하고 프로그램개발자

나 음악감독, 그래픽디자이너 등과도 잘 소통해야 해요.

　미래의 게임기획자는 사람들에게 새로운 세계를 열어 줄 거예요. 게임이 가상 세계에만 머물러 있지 않고 현실 세계와도 맞닿아 가상과 현실이 이어진 수준으로 발전하고 있어요. 메타버스(Metaverse)의 세계에서는 여러분만의 아바타를 자유롭게 만들어 SNS를 하기도 하고 쇼핑이나 게임을 즐길 수도 있어요. 어떤 브랜드에서는 이 가상의 아바타를 통해 상품을 만들어서 판매하기도 해요.

　앞으로 가상 현실 등의 첨단 기술이 적용된 게임이 만드는 세상은 어떻게 발전할지 기대해도 좋아요. 과거에는 게임의 좋지 않은 면이 많이 있었어요. 현재, 이런 점은 여전히 숙제로 남아 있지만 이를 고쳐 나가는 노력이 기술 발전과 함께 이루어지고 있어요. 게임기획자는 게임 기술로 새로운 문화를 만들 수 있다는 점에서 보람이 큰 직업이랍니다.

게임 관련 그래픽디자이너 및 음향감독

진짜 같은 생생한 영상과 입체감이 느껴지는 가상 현실처럼 게임에서는 보이는 부분이 정말 중요해요. 이미지나 동영상을 더욱 실감 나게 해 주는 전문가가 그래픽디자이너와 음향을 담당하는 감독이랍니다. 이들은 게임의 이야기를 잘 이해해 이용자가 집중해서 게임할 수 있도록 시청각 감각을 최대한 활용하는 전문직이에요. 컴퓨터 그래픽이나 작곡 등과 같은 전문 지식과 기술을 바탕으로 게임의 세계를 풍부하게 해 주는 중요한 직업이지요.

상상을 현실로 바꿔 주는 마술사
미디어콘텐츠제작자

- ☑ **활동 분야** : 미디어·교육·의료·문화
- ☑ **미래 전망** : ★★★★☆
- ☑ **관련 학과** : 신방과·영상학과·인문 계열 학과 등
- ☑ **요구 능력** : 창의성·융합 능력·소통 능력

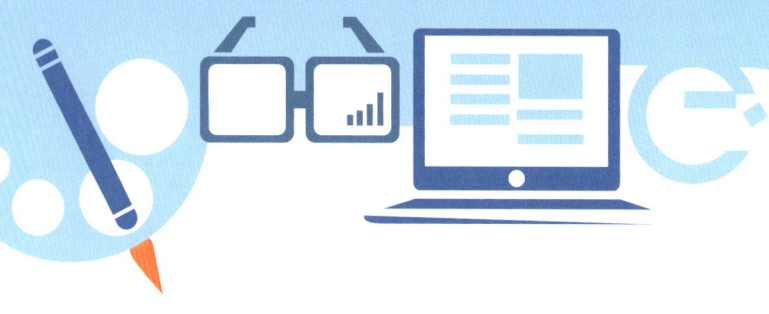

인기 있는 유튜버부터 TV·영화·교육 영상·게임 등을 만드는 사람들을 '미디어콘텐츠제작자'라고 해요. 넓은 뜻으로 글부터 음악, 영상에 이르기까지 사람의 오감으로 전할 수 있는 무언가를 만드는 사람들이지요. 이들은 여러 주제로 콘텐츠를 직접 기획하고 연출해 촬영한 뒤 편집한 다음 인터넷에 콘텐츠를 올려요. 단순히 취미로 제작하는 것이 아니에요. 기업이나 개인이 운영하는 인터넷 방송 채널의 구독자 수와 시청률을 따져 최고의 콘텐츠를 만들어 유익과 재미를 준답니다. 미디어콘텐츠제작자 혼자 영상 제작과 진행을 맡기도 하지

만 콘텐츠 전문 채널이 다양해지면서 팀으로 활동하기도 해요. 한국에서 미디어콘텐츠제작자가 활동하는 매체는 유튜브·아프리카TV·페이스북·인스타그램 등이 대표적이에요. 이들이 올리는 영상은 주로 게임이 많고 요리·뷰티·노래와 춤·각종 실험·장난감 놀이 등처럼 다양한 주제로 영상을 만들어 올린답니다. 최근에는 인공 지능, 가상 현실과 같은 첨단 과학 기술 덕분에 미디어 콘텐츠 영역이 빠르게 성장하고 있어요. 앞으로 미디어콘텐츠제작자는 어떻게 달라질지 살펴볼까요?

미디어콘텐츠제작자는 어떻게 달라질까?

지금까지 콘텐츠제작자들은 더 스릴 있고 멋진 주제의 영상을 위해 위험한 장소에서 촬영했어요. 또 오랜 시간을 들여 기다리는 고생을 마다하지 않고 작업해 왔지요. 앞으로는 이런 고생 없이 더욱 생생한 영상 콘텐츠를 만들 수 있어요. 컴퓨터 그래픽의 도움을 받아 촬영하는 사람들의 뒤로 이미지를 덧씌워서 위험한 장소나 상황을 생생하게 표현할 수 있어요. 미디어콘텐츠제작자는 미디어 기술의 발달 덕분에 자연 환경과 시간에도 크게 영향을 받지 않고 상상하던 일들을 멋지게 영상으로 담을 거예요. 현실뿐만 아니라 가상 세계도 손쉽게 만들 수 있어서 많은 사람이 좋아하는 게임의 세계도 생생하게 만들 수 있답니다. 게임에서 꽃을 키우면 그 향을 직접 맡을 수도 있을 만큼 기술이 빠르게 발전하고 있거든요.

　미래의 미디어콘텐츠제작자들은 게임, 영화뿐만 아니라 교육과 의료 쪽에서도 활약할 거예요. 사막의 도시에서 태어난 아이들은 바다 생물을 볼 기회가 별로 없잖아요? 이런 어린이들을 위해서 가상 융합 현실로 고래가 눈앞에서 수영하는 실감 나는 영상을 만들어 바다를 볼 수 있게 해 줄 거예요. 의료 분야에서도 미디어콘텐츠제작자의 도움이 필요해요. 온몸에 화상을 입은 환자는 고통 때문에 치료가 쉽지

않아요. 그들의 고통을 줄이기 위해 게임처럼 흥미로운 콘텐츠가 담긴 가상 현실 기기를 끼고 치료를 받으면 몸으로 느끼는 고통을 줄여 줄 수 있어요.

이렇게 미디어콘텐츠제작자가 일할 분야는 점차 늘어나 많은 사람이 도움을 구할 거예요. 보다 뛰어난 콘텐츠를 만들려면 창의력은 물론이고 인공 지능 기술을 자유롭게 다루도록 공학과 소프트웨어 지식을 잘 쌓아야 한답니다. 직접 만든 생생한 콘텐츠들이 누군가를 웃게 하고 아픔을 사라지게 한다면 정말 멋진 일 아니겠어요?

게임콘텐츠개발자

미디어 콘텐츠에서 핵심적인 한 분야가 게임 콘텐츠예요. 사람들의 관심이 높아진 모바일 게임은 자동차나 반도체 수출만큼 커다란 시장을 이루었어요. 당연히 이 분야에서 일할 수 있는 전문가의 수도 늘어나겠지요? 게임을 좋아하는 것도 필요하지만 모바일과 미래에 새롭게 나타날 매체에서 더욱 재미있는 게임 이야기를 만들 수 있는 컴퓨터를 잘 다루고 소프트웨어를 개발하는 능력이 중요하답니다.

인공 지능과 재능의 만남
예술가

- ☑ **활동 분야** : 문학·미술·음악·무용·연극·뮤지컬·사진·디자인 등
- ☑ **미래 전망** : ★★★☆☆
- ☑ **관련 학과** : 문예창작과·성악과·회화학과·조각과·무용학과·연극영화학과·사진학과 등
- ☑ **요구 능력** : 탐구심·창의력·호기심

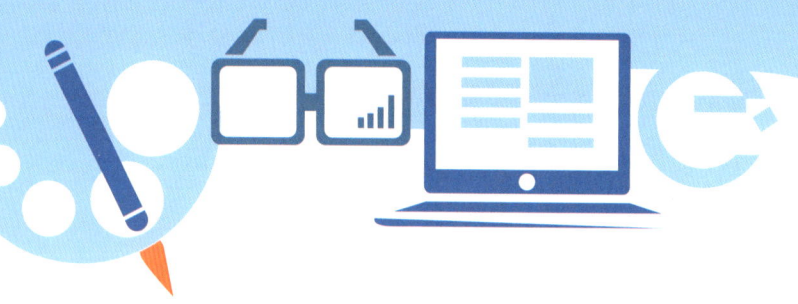

여러분 가운데 앞으로 멋진 연주가·조각가·무용가·연극배우·사진작가가 되고 싶은 친구들이 있나요? 지금까지 이런 분야의 예술가가 되려면 그 분야에서 학위를 얻거나 관련 대회에서 상을 받고 실력을 인정받아야 예술가로 성장하곤 했어요. 경연에 나가는 연주자, 공모전에서 상을 받은 작가, 전시에서 작품을 선보이는 미술가 등이 그런 예지요. 각 분야에서 전문성을 키워 창의력을 발휘하는 사람들을 통틀어 '예술가'라고 한답니다.

예술가의 표현하는 방식과 창의력은 저마다 다르지만 이들의 목표

는 하나예요. 사람들에게 어떤 메시지를 전하는 것, 그 메시지를 예술 작품에 담는 것, 그 메시지로 감동을 전하고 나누는 것. 사람들과 예술로 소통하기에 감정과 창의력이 중요한 예술가는 앞으로 어떻게 달라질까요?

예술가는 어떻게 달라질까?

예술과 기술을 연결하기는 쉽지 않아 보여요. 인간의 창의력이나 감성을 딱딱한 논리 영역과 나란히 놓고 생각하기가 쉽지 않으니까요. 최근에는 예술과 기술을 이용해 사람들에게 작품을 선보이는 예술가들이 늘어나고 있어요. 인공 지능 컴퓨터로 작곡하고 3D 프린팅을 쓰는 조각가들이 그들이지요.

창의력과 재능이 있는 예술가들은 인공 지능과 가상 융합 현실 등의 기술을 작품에 많이 활용하고 있답니다. 사람들과 세상을 둘러싼 환경이 첨단으로 바뀌고 있어서 이런 시도들이 더욱 관심을 받고 있어요. 이 기술들 덕분에 예기치 못하게 터진 바이러스 감염병으로 많은 사람이 공연과 작품을 즐길 수 없을 때도 문제없어요. 비대면 기술을 써서 관람객과 예술가들이 함께할 수 있으니까요. 인기 아이돌 그룹 BTS의 공연을 공연장까지 가서 보지 않아도 여러분 집의 컴퓨터에서 실시간으로 볼 수 있도록 기술이 발달하고 있어요. 다만 생생한

 모습을 만드는 데는 기술이 더 발전해야 하지요. 앞으로 미디어공학자와 예술가들은 함께 생생한 공연을 위해 의견을 나눈 뒤 프로그램 개발을 할 거예요. 그렇다면 예술을 전공하려는 사람들이 첨단 기술을 얼마나 잘 이해하느냐에 따라 더욱 멋진 작품과 공연이 만들어질 수 있겠지요?

 앞으로는 프로그래밍을 공부하는 예술가가 필요할 수도 있어요. 자신이 아는 만큼 작품이나 공연을 설계해 줄 프로그래머에게 잘 설명할 수 있기 때문이지요.

 얼마 전 인공 지능이 작곡한 음악이나 그린 그림을 사람들이 제대로 구분할 수 있는지 실험이 이루어졌어요. 놀랍게도 사람들 대부분 구별하기 어려워했어요. 미래에는 인공 지능이 작곡하고 그림을 그리며 아바타 같은 예술가가 스마트폰에서 공연하는 시대가 올 수도 있어요.

인공 지능은 예술의 영역까지 서서히 다가가고 있어요. 그럼에도 사람에게 있는 감성과 공감을 완벽히 대체할 수는 없다고 보고 있어요. 대신 작업 시간이 오래 걸리거나, 많은 사람이 도와야 했던 작업을 첨단 기술이 보완해 준다고 믿고 있지요. 어떤 기술이든 사람이 어떻게 쓰느냐에 따라 가치가 달라질 테니까요.

연예인

미래에도 지금처럼 연예인이 인기가 있을까요? 미래학자들은 뛰어난 외모만으로 연예인이 인기를 얻는 시대는 지나갈 거라고 해요. 다양한 재능을 보여 줄 수 있어야만 주목을 받는다는 뜻이에요. 앞으로는 가상 세계에서 자신의 아바타를 잘 보여 주고 사람들과 소통할 수 있는 연예인이 인기가 많아진대요. 지금도 인공 지능 기술이 발달해서 사람이 아닌 '만들어진 연예인'이 등장하고 있어요. 놀랍게도 가상 세계에서 만들어진 캐릭터는 사람들에게 사랑을 받고 있어요. 이들은 인공 지능이 만든 노래를 부르고 패션을 보여 주기도 해요. 앞으로 이런 인공 지능 연예인이 더 실감 나게 자주 등장할 예정이라 사람들이 바라보는 시선도 달라질 거예요. 요즘에는 사람과 쏙 닮은 버추얼 휴먼(가상 인간)의 인기가 커지고 있기도 해요.

인공 지능과 만난 손맛 예술가
요리사

- ☑ **활동 분야** : 식품 회사·학교·병원 등 대형 기관 조리 부서
- ☑ **미래 전망** : ★★★☆☆
- ☑ **관련 학과** : 식품조리학과·식품영양학과·호텔관광경영학과 등
- ☑ **요구 능력** : 탐구심·이해력·응용력

　최근 몇 년간 인기가 높아지고 있는 장래 희망이 '요리사'예요. 요리사가 되려면 요리 관련 학과를 졸업하거나 요리 학원을 수료하고 나라에서 치르는 자격 시험을 통과해야 해요. 많은 요리를 잘하려면 수련하는 시간도 몇 년씩 필요해요. 최근에는 해외로 유학을 가거나 자신만의 식당을 차리기도 해요. 이 외에 식품 관련 기업에 취업해서 요리 제품을 연구하기도 한답니다.

　요리사는 신선한 재료를 자신만의 비법으로 조리해 먹음직스럽고 풍성한 요리를 차려요. 음식 조리 외에 어떤 재료로 요리할지 꼼꼼히

따지고 사 들인 재료들을 잘 손질해 보관하는 일도 중요해요. 이 밖에도 조리 시설과 기구를 깨끗하게 갖추어 둬야 해요. 요리사는 주방의 책임자로서 요리 업무를 위해 자신을 도울 다른 요리사들의 업무를 나누고 감독하며 교육하는 일도 맡아요.

요리사는 어떻게 달라질까?

혼자 사는 사람들이 늘고 갑작스럽게 터진 바이러스로 집에 머무는 시간이 길어졌어요. 이와 함께 사람들의 생활 방식도 많이 달라졌지요. 자연스럽게 자신을 위한 '영양가 있고 맛있는 음식'을 만드는 취미에 빠진 사람들이 많아졌어요. 유튜브나 인스타그램 등의 SNS에 음식 만드는 과정을 올려서 취미로 소통하는 사람들도 많답니다.

얼핏 보면 누구나 할 것 같다고요? 요리사는 많은 연습과 자격증이 필요한 전문 직업이에요. 게다가 사람들의 입맛이 모두 달라서 평균 이상의 맛이 보장된 음식을 선보이기는 쉽지 않답니다. 그래서 고객 한 명, 한 명의 입맛을 연구하는 일이야말로 사람만이 할 수 있는 분야라고 여겨 왔어요. 기계가 일일이 사람들의 입맛을 맞추고 보기 좋게 음식을 담으며 설거지까지 하기는 어렵다고 생각했으니까요. 인공 지능이 발달해 사람처럼 섬세하게 일할 수 있는 로봇 관절과 기술이 만들어지면서 상황은 달라졌답니다.

유명한 요리사가 자신의 요리 방법을 인공 지능 컴퓨터에 입력해요. 요리 로봇은 요리 온도·요리 도구·요리 방식을 모두 데이터로 배워요. 일정 시간 동안 이를 학습한 요리 로봇은 인공 관절 팔로 사람의 팔처럼 요리를 만들어 낸답니다. 현재, 요리할 수 있는 요리 로봇이 이미 나와 있어요. 이 로봇은 할 수 있는 요리가 무려 5000개예요! 요리를 끝낸 뒤 그릇을 닦고 제자리에 두는 정리까지 대신할 만큼 기술이 발달했지요. 가정마다 이런 요리 로봇이 갖춰지기까지 시간이 필요해요. 그럼에도 커피를 만드는 로봇, 치킨을 만드는 로봇, 샌드위치나 샐러드를 만드는 로봇 등은 벌써 주변 식당에서 쓰이고 있답니다. 앞으로 요리 로봇은 데이터를 모아 땅콩 알레르기가 있는 고객에

게는 땅콩을 뺀 맞춤형 요리를 만들 만큼 영리해질 거예요.

그렇다면 미래의 요리사는 사라지는 직업일까요? 그렇지 않아요. 인공 지능 요리 로봇이 나타나도 표준화된 음식을 만드는 식당이나 대규모 급식소에서 요리사가 하는 단순한 일이 많이 줄어들 거예요. 독창적인 요리의 세계를 펼치는 요리사는 오히려 더 많은 관심을 받겠지요. 이는 '요리의 명품화'가 이루어진다는 뜻이에요. 기발한 창의력을 갖춘 요리 분야의 '장인'으로서 도전해 볼 만한 직업이 분명하지 않나요?

요리기획자

인공 지능 시대에 요리는 더 이상 가정이나 개인이 해결하는 분야가 아니에요. 바쁜 현대인에게 영양이 풍부하고 맛있는 식사를 만드는 일은 전문 식품 회사가 할 예정이에요. 대신 요리기획자는 맛과 영양을 두루 갖춘 요리를 기획하는 일을 맡을 거예요. 미래에는 요리사보다 요리기획자들이 고객들의 요구와 특성을 따져 딱 맞는 식단과 음식을 제공할지도 몰라요. 이들은 빅 데이터 등을 분석해 재료의 성분과 고객의 입맛 등을 연구해서 미래의 집밥을 선보이지요.

'나만의 옷'을 디자인하는 전문가
패션디자이너

- ☑ 활동 분야 : 패션 회사, 섬유 회사 등
- ☑ 미래 전망 : ★★★★☆
- ☑ 관련 학과 : 의상디자인학과·패션디자인학과·의상학과·시각디자인학과·산업디자인학과
- ☑ 요구 능력 : 창의력·예술적 감각·소통 능력

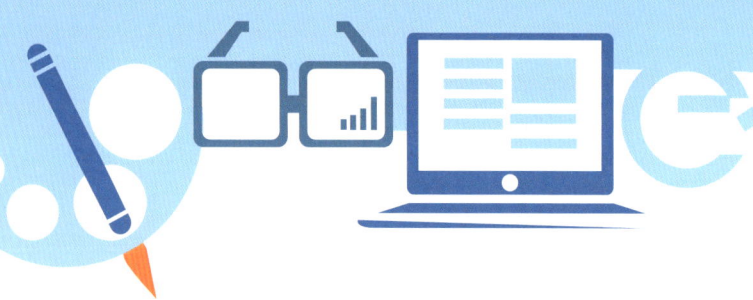

　　패션디자이너는 옷을 만드는 전문가예요. 실크나 가죽과 같은 다양한 소재로 고객들이 원하는 옷을 디자인해요. 이들은 패션 회사의 디자인실에서 일하는 경우가 많아요. 일단 디자인하면 수천에서 수만 장의 옷이 만들어지고 판매되기에 패션 회사에서 핵심적인 역할을 맡고 있지요. 이들은 새로운 옷을 만들기 위해 국내외 패션 자료를 살피고 의류 시장도 분석해요. 또 유행과 소재, 색상과 고객들의 특성을 분석해서 스케치하고 디자인한 의상의 작업 지시서를 준비해요. 옷 제작에서 가장 중요한 옷감과 부속품도 꼼꼼히 선택한답니다. 디자인

은 먼저 샘플로 만든 뒤 모델들이 입어 본 다음 문제점을 수정해요. 완성된 옷에 잘못된 곳은 없는지 꼼꼼하게 살핀 뒤, 백화점이나 온라인 쇼핑몰로 보내 판매합니다. 매장으로 보내는 경우, 옷을 전시할 곳의 디스플레이와 고객에게 코디를 조언하는 등의 매장 관리도 챙겨야 하는 일이에요.

패션디자이너는 어떻게 달라질까?

"손재주가 없는 나도 패션디자이너가 될 수 있을까?"

예전이라면 중요하게 고민할 만한 질문이에요. 패션디자이너는 생각한 디자인이 어떤 모양인지 손으로 그려야 했거든요. 좋은 아이디어라도 제대로 표현할 수 없으면 옷으로 만들어지기 어렵잖아요? 최근에는 패션 분야에도 컴퓨터 그래픽 기술이 널리 쓰이고 있어요. 옷 디자인을 손쉽게 하기 위해서 만들어진 소프트웨어 프로그램을 이용하면 손으로 그리지 않아도 사람들마다 각기 다른 체형과 여러 소재, 풍부한 색상을 나타낼 수 있답니다.

미래의 패션 디자이너는 어떤 일을 할까요? 직접 옷을 입어 보지 않아도 고객의 몸에 맞게 3D 기술로 옷을 만들 수 있어요. 3D 기술의 도움으로 원단을 재고 잘라서 샘플을 만들고 모델이 입어 보는 과정과 시간을 엄청나게 줄일 수 있어요.

  인공 지능은 세계에 있는 수많은 패션 데이터를 분석해서 이미지로 저장해요. 이 자료를 분석해 개인에게 맞는 패션을 추천해 줘요. 매장을 찾지 않아도 입력해 놓은 고객의 신체 치수를 바탕으로 가상 공간에서 새 옷을 입어 보고 수정한답니다. 이는 '실감형 미디어'라고 불리는 가상 융합 현실의 첨단 기술 덕분이에요.

  인공 지능은 패션 사업에서 디자인뿐만 아니라 트렌드·제조량·맞춤 제안·광고에 이르기까지 모든 분야에서 쓰일 예정이에요. 앞으로 전문 패션디자이너를 꿈꾼다면 인공 지능과 빅 데이터 분석과 친해져야 해요.

  패션디자이너들이 오랜 시간을 들이던 시장 조사나 유행 분석, 디자인 수정 등의 시간은 인공 지능 덕분에 줄어들 거예요. 패션 회사에 취업하지 않아도 '나만의 패션 회사'를 운영할 수 있는 길이 열릴 수도 있어요.

디자인한 다음 3D 프로그램으로 샘플 디자인을 만들기도 쉬워질 거예요. 이렇게 만든 개성적인 디자인을 온라인에서 많은 사람에게 소개할 수 있어요. 고객들의 요구에 맞게 제작하여 배송까지 할 수 있다는 뜻이에요. 앞으로는 대량 생산 옷이 아닌, 고객 한 명을 위한 옷도 쉽게 만들어서 개성이 담긴 여러분만의 옷을 입을 수도 있어요.

환경을 생각하는 패션디자이너는 동물성 재료인 가죽 대신에 인조 가죽 등의 신소재를 개발하여 옷을 만들 거예요. 환경 오염 문제가 심각해지고 있는 요즘, 앞으로 이 분야는 꾸준히 연구가 이루어져 전망이 밝은 분야이기도 하지요.

패션소품디자이너

개성을 드러나게 해 주는 반지·목걸이·팔찌·모자·시계 등도 앞으로 주목해야 할 패션 소품이에요. 금속 세공부터 스카프 디자인 등을 담당하는 패션소품디자이너들의 분야도 넓어질 예정이랍니다.

만드는 데 시간이 오래 걸렸던 소품 제작은 3D 프린팅 덕분에 편리하게 바뀌어요. 가상 융합 현실로 자신에게 잘 어울리는 액세서리인지 먼저 체험해 보고 살 수도 있어요. 이를 실현하려면 패션소품디자이너도 인공 지능과 3D 프린팅, 실감형 미디어 기술을 공부해 디자인에 더할 수 있어야 한답니다.

심리상담가

요양보호사

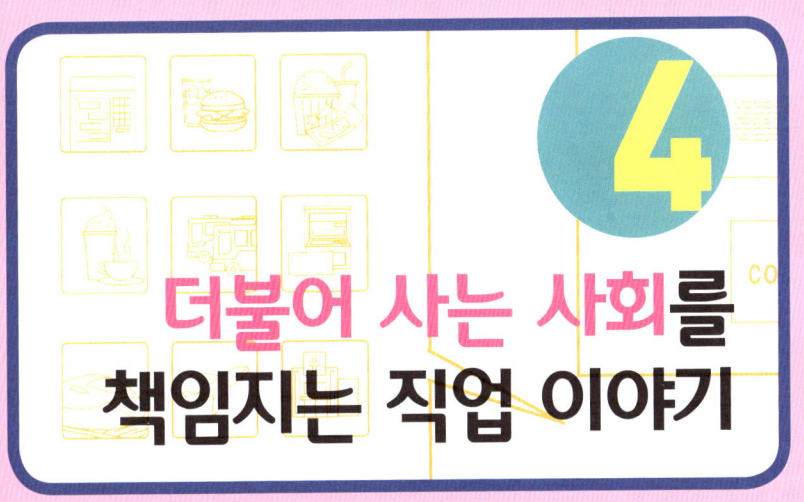

더불어 사는 사회를 책임지는 직업 이야기

4

재활용기술전문가

환경공학자

인공 지능을 만난
더불어 사는 세상

요즘, 경제 활동을 하는 인구가 줄어들고 있다는 소식이 전해지고 있어요. '인구 절벽'은 경제 활동을 하는 사람들의 숫자가 줄어드는 위기를 말하는 전문 용어예요. 고령화 시대와 함께 떠오르는 개념이랍니다. 출생 인구와 일하는 사람들의 수가 줄어드는 반면 은퇴 연령인 65세 이상 인구가 전체 인구의 ⅓인 시대가 곧 찾아와요. 미래 직업을 꿈꾸는 친구들이라면 이러한 사회 현상을 이해하고 대비해야겠지요?

고령화 시대, 우리는 어떤 직업들을 살펴봐야 할까요? 고령 인구가 많아진다는 건 관련 산업과 서비스의 증가를 뜻해요. 노인들을 대상으로 하는 제도와 지원 시스템 등이 더 강화된다는 사실을 꼭 염두에 둬야 해요. 그리고 더불어 살아가는 사회에 필요한 직업을 갖도록 도전해야 하지요.

   사람들의 수명이 120세까지 늘어나면 사회는 어떻게 달라질까요? 물질적으로는 풍요롭지만, 경쟁과 물질주의가 심해지며 사람들의 정신적인 피로도가 높아질 거예요. 이러한 변화에서 **심리상담가**는 아주 중요한 직업이랍니다. 인공 지능과 빅 데이터로 상담 고객의 고유한 상황과 특성을 분석해 전문적이고 효과적인 상담을 제공할 수 있으리라는 전망이 많거든요. 다양한 연령대와 직업군처럼 세분화된 상담이 이루어져 지금보다 상담 의뢰 고객이 더 많이 늘어날 예정이랍니다. 건강한 신체뿐만 아니라, 건강한 정신을 유지하기 위해서 전문 심리상담가를 찾아갈 테니까요.

   요양보호사는 앞으로 더 늘어날 전망이에요. 단순한 노동력이 필요한 분야는 로봇 요양사가 대체해요. 늘어나는 노인들의 요구들을 맞추고 가족처럼 돌보는 요양보호사의 기능이 중요해진답니다.

   미래학자들은 고령화가 불러온 인구의 변화와 더불어 오랜 산업화의 영향에 주목하고 있어요. 산업화는 자연을 파괴하고 인간의 감성을 메마르게 하는 주된 원인이랍니다. 이러한 환경 파괴에 맞서 우리가 만든 플라스틱 쓰레기 산, 해양 오염으로 죽어가는 바다 생물들, 미세 먼지로 오염되는 공기 등을 두고 보지 않고 개선하고자 하는 노력들이 중요해졌어요.

재활용기술전문가가 그 노력의 주인공이에요. 이미 만들어진 제품을 폐기하는 대신 다른 용도로 바꾸어 제 쓸모를 갖게 하는 것이지요. 사람들의 생각보다 훨씬 많은 재활용 대상 물품들이 날마다 쏟아지고 있어요. 현재는 대부분 폐품으로 처리하고 있어요. 미래에는 재활용품 분리 로봇을 통해서 용도에 맞게 재활용하고 첨단 재활용 기술로 기업·가정·공공에 맞는 재활용 제품들이 만들어져요. 이 분야 역시 관련 전문가들의 수요가 점차 늘어나는 영역이라고 할 수 있어요.

이 밖에 **환경공학자**도 중요한 직업이에요. 자연을 망가트리는 일들의 원인을 파악하고 연구하여 체계적으로 대응하는 일이 주된 일이에요. 전 세계의 환경공학자들은 날씨·기류·미세 먼지·오존 등 각종 기후 관련 빅 데이터를 분석해 재해를 대비해요. 또 사람의 생명을 지키고 자연의 훼손과 나라 경제의 피해를 막는답니다.

이처럼 사람들의 수명이 늘어나고 함께 살아가야 할 세상에서 깨끗한 자연환경이 중요해지면서 관련 직업들에 변화가 생기고 있어요. 새로운 길인 만큼 함께 해결해야 할 과제들이 많지만, 더불어 사는 사회를 만들기 위해서 도전해 볼 분야랍니다. 이 분야에 대한 여러분의 많은 관심과 공부가 세상을 더 살기 좋은 곳으로 만들어 갈 수 있어요.

건강한 정신을 위한 전문가
심리상담가

- ☑ **활동 분야** : 심리 상담 센터·병원·학교·기업 및 공공 기관
- ☑ **미래 전망** : ★★★★☆
- ☑ **관련 학과** : 심리학과·아동심리학과·노인심리학과·사회심리학과
- ☑ **요구 능력** : 호기심·인내심·분석력·관찰력·공감력

몸이 아플 때는 병원에서 의사에게 진료를 받으면 치료할 수 있어요. 마음이 아플 때는 인간 심리에 대한 전문 지식과 상담 경험이 풍부한 심리상담가에게 도움을 받을 수 있어요. 선진국으로 갈수록 심리상담가를 찾는 사람들이 많다고 할 수 있답니다. 예전에는 물질적이거나 신체적인 어려움이 행복을 좌우하는 요소라고 생각했어요. 생활 수준이 높아지고 사회가 발전하면서 상황은 달라졌어요. 정신적인 스트레스나 문제로 힘들어하는 사람들이 늘어났기 때문이에요. 이런 사람들을 위해 전문 치료와 상담, 회복을 돕는 심리상담가들의 역할

은 더 커질 예정이랍니다. 전문 심리상담가가 되려면 의과대학에서 정신의학을 공부하고 심리 계열의 학과를 전공해 상담하는 수련을 거쳐 상담 자격증을 갖춰야 해요. 오랜 기간 인간의 심리를 공부하고 여러 유형의 상담 사례를 경험해야 할 전문 분야이지요.

심리상담가는 어떻게 달라질까?

마음이 아프거나 힘들 때 도움을 받는 일은 자연스러운 일이에요. 공부하는 데 집중하기 어려워서 학업 성적이 오르지 않을 때도 원인을 알아보고 개선하기 위해 청소년 전문 심리상담가를 찾아요. 직장에서 적응하기 힘들거나, 업무 스트레스가 많을 때도 심리상담가에게 도움을 받을 수 있어요.

심리상담가는 사람들의 성향과 심리를 파악하는 검사부터 진행해요. 공인된 기관에서 인증받은 기초 질문지에서 어떤 결과가 나오는지 잘 살펴야 한답니다. 이를 바탕으로 상담 희망자의 심리를 이해해 효과적인 상담을 진행할 수 있어요.

사람의 섬세한 심리를 다루기에 심리상담가는 사람의 역할이 굉장히 중요해요. 이 상담 분야에도 인공 지능이 더해지면 더욱 효과가 커져요.

인공 지능 상담 로봇은 상담 희망자의 성향과 상태를 파악하는 기초 자료 조사에 쓰여요. 인공 지능은 인간의 눈 깜빡임이나 표정만으로도 사람의 감정 상태를 알 수 있을 만큼 기술력이 발전했어요. 인공 지능 상담 로봇의 기술력은 감정 반응을 빠르게 파악하고 빅 데이터를 분석한답니다. 기존에 쓰이던 종이 질문지가 알아낸 정보보다 훨씬 많은 정보를 단숨에 알아낼 수 있어요. 그뿐만 아니라 앞으로는 인간 심리학자가 맡아 온 일들을 대부분 대신하리라는 전망도 많답니다. 그렇다면 심리상담가는 사라질 직업일까요? 그렇지 않다는 게 전문가들의 공통 의견이에요. 노령 인구가 늘어나면서 노인 대상 심리

상담이 더욱 늘어나리라 보고 있지요.

　인공 지능 상담 로봇이 상담 고객과의 대화와 안면 인식으로 심리를 분석하면 인간 심리상담가가 더 깊이 있게 1 대 1 맞춤 심리 상담을 진행할 수 있어요. 또 노인들에게 심리적 지원을 제공하여 사회 적응력을 키울 수 있도록 도와줄 수도 있지요. 앞으로 심리상담가가 되고 싶다면 인간의 심리를 잘 이해하는 것 외에 미래의 심리상담가를 도와줄 인공 지능과 관련한 기술 지식도 갖추어야 한답니다.

직업교육상담사

직업교육상담사들은 주로 청장년층인 30~60세까지의 성인을 대상으로 활동했어요. 그런데 65세 이상 인구가 늘어나면서 은퇴 이후에도 다양한 직업을 경험하며 노후를 보낼 수 있게 되었어요. 은행원이 스마트 농장의 농부가 되기도 하고 선생님이 가상 현실 박물관의 안내자(도슨트)가 될 수도 있듯요. 이러한 변화를 위한 맞춤형 교육은 점점 더 중요해져요. 직업교육상담사는 65세 이상 어르신들이 가진 다양한 경험을 직업의 세계로 안내하는 의미 있는 직업이 될 거예요.

환자들과 노인들의 친구이자 보호자
요양보호사

- ☑ 활동 분야 : 병원·요양 병원·실버타운
- ☑ 미래 전망 : ★★★★☆
- ☑ 관련 학과 : 간호학과, 요양 관련 학과
- ☑ 요구 능력 : 사명감·성실함·배려심·책임감

예전에는 자식들이 나이 드신 부모님을 모시고 그 다음 세대도 그 부모님을 모시는 일이 당연했어요. 즉, 부모님의 자녀들이 오늘날의 요양보호사 역할을 했지요. 시간이 흐르면서 가족의 형태가 다양해지고 수명이 길어지면서 이 또한 달라졌어요. 점차 늘어나는 노인을 가정에서만 모실 수 있는 데 한계가 생긴 거예요. 나라에서는 가족이 없는 노인들을 도와줄 전문가를 지원해 주기도 한답니다. 바로 요양보호사가 그 주인공이에요. 앞으로는 이들의 역할이 더 늘어날 예정이에요. 요양보호사는 움직임이 불편한 환자나 노인, 장애인을 도와

준답니다. 움직이지 못하는 환자를 곁에서 돕고 간병 환자들이 머물 곳을 깨끗이 청소하기도 해요. 침대 시트를 갈거나 습도가 알맞도록 조절하기도 해요. 의사나 간호사의 지시에 따라 노인이나 환자의 체온과 호흡을 지켜보고 보고하며 간단한 산책, 병원 동행 등을 함께하기도 한답니다.

요양보호사는 어떻게 달라질까?

미래에는 우리나라 인구에서 65세 이상의 성인 비율이 많아져요. 의료 기술이 발달해 수명이 늘어나는 만큼 도움이 필요한 어르신들도 같이 늘어나지요. 요양보호사는 앞으로 더 다양한 교육과 실습을 통해 전문 직업으로 성장할 예정이에요.

요양보호사는 돌볼 노인이나 환자와의 친밀한 관계가 중요해요. 간병 대상자와 자주 이야기를 나누고 건강이나 심리적으로 불편한 점은 없는지 세심하게 살펴보아야 하지요. 가족과 멀리 떨어져 살거나 혼자 사시는 어르신들이 외롭지 않도록 정신적으로도 챙기는 소중한 말벗이기도 해요. 이 밖에도 식사와 약은 물론 간단한 물리 치료와 운동까지 챙겨야 하기에 쉽지 않은 일을 맡고 있답니다.

앞으로는 어떨까요? 미래에는 첨단 기기의 도움을 받아서 요양보호사가 할 힘든 노동이 점차 줄어들 거예요. 그만큼 노인 분들을 감정

적으로 보살펴 드리는 일에 더 집중할 수 있지요.

최근에는 노인을 돌보는 인공 지능 로봇이 생겼어요. 초기 치매를 앓는 어르신들에게 약을 제때 드리고 말을 거는 로봇 덕분에 증세가 많이 좋아지고 있다는 연구 결과도 있어요. 앞으로 기술이 더 발전하면 요양원에서도 로봇이 노인 한 분, 한 분에게 맞춤형 서비스로 요양보호사의 일을 도와줄 거예요. 웨어러블 기기도 간병 대상자들에게 큰 도움을 줄 수 있어요. 움직임이 불편한 분들도 웨어러블 기기를 통해 원하는 곳까지 이동할 수 있어요. 요양보호사가 이전부터 힘들여 하던 일들은 로봇이나 첨단 기기가 대신할 예정이에요. 대신 그 기기들에서 모은 데이터 분석이 아주 중요해져요. 분석 결과를 바탕으로 어르신들이 건강하게 지내도록 돌보는 일이 미래의 요양보호사가 할 일이거든요.

노인체육전문가

나이가 들수록 뼈 관절이나 근육 등이 약해지면 젊을 때처럼 무리하게 운동할 수 없답니다. 좋은 운동이라도 자신에게 맞지 않는다면 해로울 수 있어요. 신체 기능이 떨어지는 노인들에게는 노화 속도를 늦추고 무리 없는 운동 프로그램을 전하는 일이 중요해요. 노인을 대상으로 하는 노인체육전문가는 신체 나이에 따른 변화를 잘 알아야 해요. 이를 바탕으로 노인 한 분, 한 분의 특성에 맞는 운동 방식을 전할 수 있어야 해요. 보통은 체육학과 또는 스포츠 관련 학과를 전공한 사람들이 전문가로 성장할 수 있답니다.

자연과 환경을 보호하는 생산자
재활용기술전문가

- ☑ **활동 분야** : 생활용품 또는 산업 용품 제조 등 산업 전반
- ☑ **미래 전망** : ★★★★☆
- ☑ **관련 학과** : 환경공학과·재료공학과·화학공학과·전기전자공학과·컴퓨터공학과·디자인학과 등
- ☑ **요구 능력** : 환경 보호 정신·창의력·공학적 적성 등

오늘날 지구는 환경 오염으로 고통을 받고 있어요. 맑아야 할 하늘과 꽃과 나무가 자라야 할 땅이 사람들이 버린 쓰레기로 가득 차고 있거든요. 환경을 보호하는 직업에는 이런 일을 미리 막기 위해서 노력하고 교육하는 직업이 있어요. 이미 만들어진 쓰레기들을 잘 활용하는 데 노력하는 직업이기도 해요. 이런 일을 하는 사람들을 '재활용기술전문가'라고 해요. 이들은 버려진 천으로 옷이나 가방을 만들고 음식물 폐기물들을 미생물로 분해해 퇴비로 만들기도 해요. 바다에 버려진 플라스틱을 에너지로 쓰고 일부를 다시 플라스틱 제품

으로 만들기도 한답니다. 사람들에게 재활용하는 방법과 장점을 교육하기도 하지요. 또 기업체에서 나오는 폐기물을 줄이면서 재활용 계획과 목표를 세우는 일도 맡아요. 이를테면 중고 전자 제품과 가구를 고쳐서 다시 판매한다거나, 컴퓨터의 부품에 들어간 쓸 만한 원료를 다시 뽑아내는 일 등이지요. 이들은 환경을 지키기 위해 자원을 어떻게 절약할지, 자원이 어떻게 순환하는지 그 지식과 이해가 있어야 한답니다. 현재 재활용기술전문가들은 개인이나 기업에서 적은 숫자로 활동하고 있어요.

재활용기술전문가는 어떻게 달라질까?

음료를 마시고 버리는 페트병이나 플라스틱 용기, 몇 번 입지 않고 버리는 옷이나 새 모델이 나올 때마다 사는 장난감, 휴대폰 등은 '쓰레기'라는 이름으로 버려지고 있어요.

가정에서뿐만 아니라, 의료나 산업 쪽에서도 엄청난 폐기물이 쏟아져 나오고 있어요. 이 많은 쓰레기는 다시 사람들이 마시는 물, 숨 쉬는 공기에 섞이고 있답니다.

심각해지는 환경 오염으로 나라마다 입는 피해가 커지고 있어요. 우리나라만 해도 전자 제품 수천 톤이 재활용되지 않고 버려지고 있어요. 버려진 전자 제품은 인간에게 해로운 수은이나 납과 같은 물질

을 내보내기에 위험해요. 또 다른 제품의 소재로 쓸 수 있는 재료들이 같이 버려지기에 경제적으로도 큰 손해이기도 해요. 이와 같은 예로 휴대폰에 있는 금을 들 수 있어요. 버리는 휴대폰 약 8230대에서 얻을 수 있는 금의 양은 약 280g이에요. 보통 금광석 1t에서 금을 약 4g 정도 캐낼 수 있으니 비교하면 70배나 높은 수치예요. 휴대폰에 있는 금이 그대로 버려진다면 새 휴대폰을 만들 때마다 다시 금광을 캐야 해서 자연을 훼손하고 물, 전기 등을 낭비하는 악순환이 이어지죠.

플라스틱은 지구에서 가장 많이 버려지고 있어요. 다시 재활용하여 쓰는 경우가 적은 데다가 재활용에 돈도 많이 들어요. 이런 문제를 해결하고 깨끗한 지구를 만들기 위해 재활용기술전문가들이 노력하고 있어요.

앞으로는 나라와 기업이 힘을 합쳐 환경과 재활용 문제에 지혜를 모을 거예요. 기업마다 재활용 기술 전문 부서는 더 많이 생기고 일자리도 늘어나겠지요.

비용이 많이 들던 쓰레기 분리 과정은 로봇이 맡고 미생물로 분해해 재활용하는 분야가 발전할 거예요. 재활용기술전문가는 기업이나 가정에서 배출한 쓰레기를 분리하여 재활용하고 다시 소비자나 기업에 돌아가기까지 인공 지능과 빅 데이터, 첨단 바이오 기술을 더해 일할 거예요. 가장 발달된 미래 기술들이 쓰레기에 쓰여 재활용된 소재로 만든 집과 옷, 휴대폰을 쓰는 날이 머지않았어요.

함께하는 환경 지킴 활동

물건을 담을 때 플라스틱보다 종이나 에코 가방을 써 보세요. 음식이나 선물을 포장할 때도 포장지를 되도록 쓰지 않도록 해요. 다 쓴 페트병이나 유리병을 버릴 때 분리해서 잘 버리는 것도 잊지 마세요. 참, 페트병의 비닐을 떼고 버려야만 재활용이 된다는 사실도 잊지 말고요. 앞으로는 '똑똑한 버리기'가 지구를 구하는 첫걸음이 될 거예요. 물건을 살 때도 재활용으로 만든 제품을 사면 좋아요. 재활용은 지구를 지키는 일뿐만 아니라 사람들의 건강을 지키는 일로도 이어질 수 있어요.

병든 지구촌을 살기 좋게 만드는 전문가
환경공학자

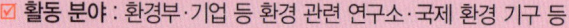

- ☑ **활동 분야** : 환경부·기업 등 환경 관련 연구소·국제 환경 기구 등
- ☑ **미래 전망** : ★★★★★
- ☑ **관련 학과** : 환경공학과·생물학과·기후학과·에너지학과·토목환경공학과·도시공학과 등
- ☑ **요구 능력** : 분석 능력·논리력·도전 의식

  오늘날 사람들은 첨단 과학 기술이 만드는 편리한 기기들을 쓰면서 많은 혜택을 누리고 있어요. 스마트폰·자동차·비행기·전자 기기 등이 그 예예요. 우리가 편하게 쓰는 이 기기들이 수명을 다하면 어떻게 될까요? 고철 덩어리가 되어 자연을 망가트리는 환경 오염의 주범이 돼요. 새 제품들을 만드는 공장에서 나온 매연은 다시 미세 먼지가 되어 대기를 더럽혀요. 환경공학자는 산업 발달과 기후 변화가 일으킨 환경 오염 문제를 해결하고 사람들이 더 좋은 환경에서 살도록 연구해요. 대기·수질·토지·소음·방사능 등 환경 오염의 원인을 자세

히 분석해 오염원이 어떤 영향을 주는지 조사하지요. 이렇게 모은 자료로 환경을 평가하고 더 나빠지지 않도록 개선 방법을 연구한답니다. 더 나아가 환경 문제와 관련한 정책을 세우고 지역 사회와 정부 기관에 의견을 전해요. 이처럼 환경공학자는 작게는 개인과 가정, 크게는 기업과 나라 차원에서 깨끗하고 살기 좋은 환경을 위해 다양하게 활약한답니다.

환경공학자는 어떻게 달라질까?

산업이 발달할수록 생활은 편리해지지만, 마구잡이 개발로 생기는 피해도 고스란히 사람에게 돌아와요. 우리나라도 미세 먼지와 공해, 일회용품과 산업용 쓰레기로 땅과 바다, 하늘이 오염되는 위기에 놓여 있어요. 특히 공기와 물은 경계가 없어서 이웃 나라의 매연이나 오염된 바닷물이 우리나라에 해를 끼치곤 해요. 조류로 흘러든 오염 물질은 바다 생물에 위협적이어서 나라 사이의 문제로 떠오르고 있어요. 앞으로 환경공학자는 속한 나라에서만 일하기보다, 지구촌의 문제를 해결하도록 폭넓게 협력할 거예요. 환경공학자들은 전문 분야에 따라서 해양·산림·기후·도시 관리·에너지 산업 등 다양한 분야에서 넓게 활동할 수 있어요.

하늘을 뿌옇게 하는 미세 먼지, 황사 문제에서 환경공학자들은 어떻게 활약할까요? 이들은 공해의 원인을 분석하고 오염 물질 발생을 줄이기 위해 연구해요.

바다에서도 환경공학자들이 해야 할 일들은 많아요. 공업용 폐수나 배에서 흘러나온 석유 등으로 오염된 환경을 분석하고 대책을 세운답니다.

환경공학자들은 인공 지능으로 환경 빅 데이터를 분석해서 지구촌의 환경 문제에 대응할 거예요. 지구촌의 우림이 파괴되면 생태계

가 무너지고 사막으로 바뀌면 그 영향은 세계로 퍼져요. 자연히 수만 킬로미터 떨어진 곳에도 기후 변화를 일으켜 식량난으로 이어지거나 공기 오염으로 번질 수 있지요. 이러한 자연재해와 산업 발달이 가져올 엄청난 피해를 막고 사람들이 깨끗한 환경에서 지낼 수 있도록 연구하는 환경공학자들은 첨단 기술 지식이 반드시 있어야 해요. 수많은 환경 빅 데이터를 사물 인터넷으로 클라우드에 꼼꼼히 저장해요. 필요할 때마다 인공 지능 컴퓨터로 분석하여 적절한 방안을 마련하기도 해요.

나라의 경제를 책임지는 기업도 환경을 생각하지 않으면 성장할 수 없는 제도가 자리 잡고 있어요. 그만큼 다양한 기관과 기업에서 환경공학자들은 활약할 분야가 많아진답니다. 여러분도 지구를 지키고 가족과 친구들이 좋은 환경에서 살아가도록 환경공학자로서의 미래를 꿈꾸어 보면 어떨까요?

환경컨설턴트

환경컨설턴트는 사람들이 살아가는 공간의 환경을 조사하고 제도에 맞는지 평가하는 일을 해요. 특히, 기업이나 공공 기관의 환경 문제를 조사하고 진단해 계속 관리하도록 계획을 세운답니다. 앞으로 기업과 공공 기관의 환경 관리가 점차 더 중요해져요. 그만큼 미래의 스마트 도시에서는 환경 관리가 도시 발전에 빼놓을 수 없는 요소예요. 환경컨설턴트도 그에 맞는 역량을 키워서 스마트 도시에 맞는 환경 관리 전문가로 활동할 거예요.

경찰·군인·소방관

공무원

교사

5

안전하고 풍요로운 사회를 책임지는 직업 이야기

농부 ——

법조인 ——
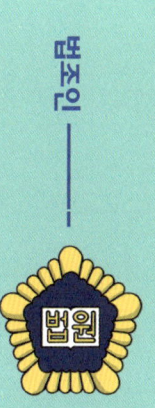

인재개발전문가 ——

인공 지능을 만난 20세기 직업

여러분의 부모님들이 어렸을 때는 어떤 직업이 인기가 있었을까요? 판사·검사·변호사와 같은 법률가나 교사·경찰·군인처럼 국가 기관에서 일하는 직업이 주목을 받았어요. 이러한 직업이 인기가 있었던 이유는 경제적인 안정성뿐만 아니었어요. 나라와 사회를 유지하는 데 꼭 필요한 직업이기 때문이었지요.

더 나아가서 사람들의 먹거리를 기르는 농부와 인재들을 양성해 주는 인재개발전문가까지 우리 사회가 건강하게 움직이려면 모두 꼭 필요한 직업이라고 할 수 있답니다.

20세기부터 오랜 시간 '꿈의 직업'이라고 불려 온 직업도 있어요. 농부처럼 고되지만 꼭 필요한 직업이기에 사람들의 관심이 꾸준히 필요한 직업들도 있답니다.

　인공 지능 시대를 맞이하여 첨단 기술이 이런 직업의 세계에 들어온다면 어떤 모습으로 달라질까요?

　IT 기술과 거리가 있어 보이는 농업에도 인공 지능 기술은 곳곳에 스며들어 있어요. 인공 지능 드론·사물 인터넷·온도 관리기·농사짓는 로봇·수확하는 로봇·트랙터 등 일일이 **농부**의 손이 닿아야 했던 곳에 첨단 기술이 도움을 주고 있답니다. 미래의 농부는 '스마트 농부'라는 이름으로 불릴 거예요. 공장형 농장이 널리 퍼지면서 외출복을 입고 모니터 앞에서 농사를 짓는 도시 농부를 어렵지 않게 만날 수 있어요.

　뛰어난 인재를 기업과 연결해 주는 **인재개발전문가**의 역할도 달라질 거예요. 옛날에는 기업이 원하는 인재를 찾아 주는 것이 그들의 주된 일이었어요. 앞으로는 개인의 역량과 적성에 맞는 일을 가이드해 주는 평생 인재 개발 쪽으로 방향이 달라질 예정이랍니다. 이 분야에도 인공 지능과 빅 데이터 등이 더해져 업무가 더욱 전문화되겠지요.

　미래의 **교사**는 단순히 학생들을 가르치는 데서 벗어나 첨단 IT 기술로 학생들의 경험을 살찌우고 학습의 효과를 높이는 직업으로 발전할 거예요. 디지털 세상을 살아갈 학생들에게 다양한 지식과 올바른 태도를 가르치는 일로 업무가 달라지겠지요.

판사·검사·변호사와 같은 법률가들은 인공 지능이 나타나면서 많은 변화를 겪을 직업이랍니다. 지금까지 해 왔던 법률 지식만으로는 경쟁력이 약해진다는 뜻이에요. 인공 지능의 놀라운 정보와 분석 능력을 잘 활용하면 법이나 행정 등의 다양한 분야에서 더 정확하고 빠르게 일을 처리할 수 있겠지요.

요즘 들어 인기가 크게 올라간 **공무원·경찰·군인·소방관** 등은 인공 지능 시대의 변화에 맞춰 달라질 거예요. 민원을 처리하고 치안을 돌보며 전투와 소방 업무까지 인공 지능 기반 로봇이 활약할 테니까요.

그렇다면 이런 직업들은 사라지는 걸까요? 전문가들은 사회와 나라가 유지되려면 없어서는 안 될 직업이라고 입을 모아요. 따라서 이 직업들이 사라지는 일은 상상하기 어렵다고 이야기한답니다. 오히려 인공 지능과 역할을 나누어서 일해 더욱 발전할 직업이라고 보지요.

인간은 지휘와 계획, 위기에 대응하는 전략을 세우는 일에 더 많은 시간을 쓰는 쪽으로 바뀔 거예요.

    지금까지 살펴본 바와 같이 20세기부터 인기가 있거나, 주목을 받았던 많은 직업이 인공 지능의 등장으로 사라지거나 바뀌어 왔어요. 사람과 사회, 나라가 있는 한 결코 사라지지 않고 앞으로도 끊임없이 발전하고 변화를 거듭하겠지요. 이번 장에서는 그런 직업들이 인공 지능 시대를 맞아 어떤 변화를 보이는지 이야기하려고 해요.

생명을 위하는 안전 지킴이
경찰·군인·소방관

- ☑ **활동 분야** : 경찰서·군대·소방서·민간 경비 관련 회사
- ☑ **미래 전망** : ★★★☆☆
- ☑ **관련 학과** : 경찰대학·육해공 사관학교·소방 관련 학과·응급구조학과
- ☑ **요구 능력** : 성실함·사명감·책임감·논리적 판단·위기 대응 능력

히어로 영화의 주인공들이 지구를 지킨다면 우리가 안전하게 생활하도록 현실을 지켜 주는 사람들은 누구일까요? 바로 '경찰과 군인, 소방관'이랍니다.

경찰은 담당 지역에서 생긴 사건의 신고를 접수하고 치안을 담당해요. 또 지역의 교통을 정리하고 교통 시설물을 관리해 줘요. 지역에서 끔찍한 범죄가 생기지 않도록 순찰하며 사회 질서를 어기는 사람들을 단속한답니다. 군인은 외부의 적에게서 나라를 보호하고 위협을 감지해 미리 대응해요. 나라의 비상사태에 발 빠르게 대비할 수 있도록 부대원들을 훈련하며 경계하지요. 전쟁이 터지면 이렇게 잘 준비된 군대가 먼저 나서 국민과 나라를 위기에서 지켜낸답니다.

소방관은 화재를 일으킬 요소를 없애거나 발생한 화재를 빠르게 진압해요. 태풍이나 홍수, 건물 붕괴 등의 다양한 재난에서 국민의 생명과 재산을 지켜내요. 경찰과 군인, 소방관 모두 안전과 생명을 지키는 직업이기에 이들 모두 전문 기관에서 연수와 꾸준한 훈련이 필요하지요.

경찰·군인·소방관은 어떻게 달라질까?

미래의 경찰과 군인, 소방관의 일은 어떻게 달라질까요? 먼저 경찰의 미래를 살펴봐요. 주민의 안전을 돌보기 위해서 정기적으로 지역을 돌아보는 일이 경찰의 임무예요. 경찰들의 일에 인공 지능이 더해지면 어떻게 달라질까요? 로봇 경찰은 경찰이 맡은 반복적인 일을 대신해요. 인공 지능 감시 카메라로 사건이 벌어지면 상황을 녹화해 즉시 지원을 요청할 수 있어요. 또 다친 사람을 빠르게 도울 수 있는 수준으로 발전할 거예요. 이런 도움이 있다면 경찰들은 범죄 수사나 시민들의 각기 다른 도움 요청에 더 수준 있게 지원할 수 있어요. 또 문제가 생긴 지역에서 해결을 위한 인력과 로봇 경찰을 보내는 판단을 더 빠르게 내릴 수 있겠지요.

군인은 나라를 위협하는 적을 막고 전쟁 지역으로 보내지는 등 위험한 일을 많이 경험하는 직업이에요. 군대에도 로봇 군인이나 로봇 정찰기 등이 더해진다면 새로운 변화가 생길 수 있어요.

인공 지능 로봇 군인은 어두운 밤에도 적의 움직임을 파악할 수 있는 첨단 장비로 만들어져요. 그렇다면 적의 도발에 보다 빠르게 방어할 수 있겠지요. 이 밖에도 사람 대신 지뢰를 찾아 제거하는 위험한 일도 맡을 수 있어요. 인공 지능 덕분에 인명 피해가 줄어든다면 군인들은 어떤 일을 할까요? 인공 지능 컴퓨터로 나라의 방위 전략을 더욱 치밀하게 세우거나 새로운 무기를 만드는 일들에 집중할 수 있어요.

재난 현장에서 싸우는 소방관들은 어떤 일을 맡을까요? 화재 현

장에서 가장 큰 문제는 보호 장비를 착용해도 소방관들의 희생을 막기 어렵다는 점이에요. 로봇 소방관이 생기면 무시무시하게 뜨거운 열이 도사리는 화재 현장도 걱정 없어요. 또 무너질 위험이 있는 건물에 들어가 안전하게 사람들을 구해 올 수 있지요. 로봇 소방관이 위험한 일을 맡는다면 사람을 빠르게 구조할 수 있도록 정확한 판단과 전략을 세우는 일은 인간 소방관이 맡을 거예요. 화재뿐만 아니라 산악 구조와 같은 응급 상황에서도 인공 지능과 빅 데이터 분석으로 신속한 구조와 대응을 지휘하는 역할을 맡아요. 잦은 사고와 유사한 위협이 있는 사례들을 미리 파악하니 사람들이 위험에 빠지지 않도록 막는 일은 예전보다 늘어나겠지요.

경호원

대통령이나 유명 스타를 곁에서 보호해 주는 경호원들의 미래도 달라져요. 여전히 보호해야 할 대상을 가장 가까운 곳에서 지키겠지만 첨단 기기 덕분에 낯선 사람들을 지금보다 더 빠르게 파악해 대응할 수 있어요. 자율주행차를 해킹해서 유명 연예인을 해치려 한다거나 원격으로 조종하는 위험 상황들에 대응하는 것이지요. 경호 업무에도 첨단 기술들이 더해지면 보다 안전한 활동을 펼칠 수 있답니다.

행복한 나라를 만드는 국민의 일꾼
공무원

- ☑ **활동 분야** : 환경부·교통부 등 중앙 부처·지방 자치 단체 등 국가 기관
- ☑ **미래 전망** : ★★★☆☆
- ☑ **관련 학과** : 행정학과·경영학과·사회복지학과 등 업무별 전공 다양
- ☑ **요구 능력** : 책임감·성실함·봉사하는 마음

우리나라의 공무원은 시험을 준비하는 학생들이 많은 인기 직업 가운데 하나예요. 기업이 아닌 나라에서 채용하는 직업인 데다가 퇴직한 뒤에는 연금으로 생활할 수 있어 안정성이 크기 때문이에요. 공무원은 입법부·행정부·사법부에서 근무하는 국가직과 구청·시청·주민센터에서 일하는 지방직이 있어요. 하는 일에 따라서 일반 행정직·교육행정직·세무직·관세직·교정직·기계직·전기직·보건직·농업직·임업직 등으로 상세히 나뉜답니다. 공무원은 나라에서 세운 법령과 업무 규정에 따라 맡은 업무를 처리해요. 또 각종 보고서나 문서를 작성해

보고하고 시행해요. 주민 등록·출생·사망·혼인·이혼·호적 등의 관련 서류를 접수하고 발급해 국민들이 살아가는 데 필요한 기본적인 일을 맡아요.

공무원은 어떻게 달라질까?

국민이 행복을 누리려면 나라는 어떤 일을 할까요? 국민의 생활 전반에 걸쳐서 다양한 서비스를 제공해 줘야 해요.

예기치 못한 바이러스가 퍼져 국민의 건강과 생명을 위협하는 비상사태가 생겼을 때 나라의 역할을 떠올려 볼 수 있어요. 우리나라의 질병관리청에서는 국민의 안전을 위한 감염병의 실시간 현황 분석, 환자 치료 지원, 예방 백신 접종 등처럼 다양한 일을 해요. 이 밖에 방역 관련 정부 기관에서는 수의사 공무원을 뽑아 동물에서 생기는 병과 질병의 전파를 막고 치료하는 일을 해요. 이처럼 공무원은 우리가 생각하지 못한 부분까지도 챙겨 일해요.

거동이 불편한 노인이나 생활이 어려운 이웃들을 돌보는 일도 공무원인 사회복지사가 해요. 땅의 70%가 산지인 우리나라는 산과 관련한 일을 하는 공무원도 있어요. 산림 행정을 맡아서 병해충과 산불 등을 막고 숲을 관리하는 임업직 공무원이 그 주인공이랍니다.

다양한 분야에서 국민들을 위해 일하는 공무원들은 앞으로 어떤

일을 할까요? 인공 지능과 빅 데이터, 다양한 첨단 기기가 공무 서비스에 많이 도입될 예정이에요. 수년간의 휴가철 사고 빅 데이터를 파악한다면 휴가철의 사고에 대비할 수 있겠지요? 숲에서 산불과 같은 재난을 막던 공무원을 대신할 수도 있어요. 드론이나 사물 인터넷 센서로 위기 사항을 실시간 중앙 관제실로 보내 즉시 대응하도록 해 줄 거예요.

예전에는 필요한 서류를 받으려고 주민 센터의 공무원에게 도움을 받았어요. 최근에는 공무원에게 발급을 신청하지 않아도 많은 서류를 클릭 한 번으로 출력할 수 있어요. 이처럼 센터를 방문하지 않아도 되는 비대면 변화가 서서히 찾아오고 있답니다.

전문가들은 공무 서비스도 단순하고 반복적인 일은 인공 지능이 대체한다고 보고 있어요. 인공 지능 콜 센터에서 쏟아지는 사람들의 문의들을 받아 신속하게 답변하고 가축들의 방역을 위한 안내도 유행 시기 전에 인공 지능이 미리 살펴 대신한다고 해요. 사회 복지 분야에서도 사물 인터넷 기기의 센서와 인공 지능 돌봄 로봇 등으로 사회복지사가 방문하지 않고도 챙길 수 있다고 해요.

이제 미래의 공무원은 보다 전문적인 IT 활용 능력을 갖추어야 해요. 정보를 모아서 분석하고 보기 좋게 잘 저장하는 정보 처리 능력처럼 달라질 새로운 환경에 잘 적응해야겠지요. 빠르게 바뀌는 디지털 시대에는 지식과 태도의 유연성이 무엇보다 필요해요. 공무원들도 이 유연성이 바탕이 될 때 더 능률적으로 업무를 처리할 수 있어요.

준공무원

준공무원은 청원경찰, 청원산림보호직원 등처럼 정식 공무원은 아니지만 공무원과 비슷한 신분의 직업이에요. 인공 지능 시대에 준공무원은 역할이 크게 바뀌는 직업이라고 해요. 경찰 등의 업무에서도 표준화되고 반복적인 일들을 로봇 경찰이 대신한다는 예상과 같은 이유예요. 산림 보호도 인공 지능 CCTV와 각종 사물 인터넷 센서, 드론 카메라 등으로 대체될 예정이에요. 이 관련 직업은 미래에 맞는 다른 업무로 바뀔 것이기에 지켜보아야 할 분야랍니다.

유익한 지식을 가르치는 교육 마법사
교사

- 활동 분야 : 초·중등학교 및 교육 기관
- 미래 전망 : ★★★★☆
- 관련 학과 : 초·중등 교과 관련 학과·교육학과·교육공학과
- 요구 능력 : 사명감·성실함·배려심·책임감

　수업 시간을 알리는 종과 함께 학생들은 자리에 앉아 선생님을 기다려요. 교실에 들어온 선생님이 교과서를 펼쳐 수업을 시작해요. 친구들과 학교에 모여 선생님의 수업을 듣고, 칠판에 적어 주신 설명을 공책에 꼼꼼히 적어요. 선생님이 내준 숙제도 빠트리지 않고 챙겨해요. 이런 학교의 모습이 지금은 달라졌어요. 유행성 질병으로 학교에 가지 못하는 날이 이어지면서 선생님이 교실에서 여러분을 마주하며 가르치던 방식이 크게 달라졌거든요. 얼굴을 마주 보며 하던 수업이 온라인 화상 수업으로 바뀌었고 화상 수업에 맞게 수업 자료도 새

롭게 달라졌어요. 학생들이 제시간에 출석했는지, 수업 내용을 이해 못 하는 학생들이 있는지, 발표와 토론을 잘 하는지, 영상 화면에 이상은 없는지 등의 여러 일이 있답니다. 학교에서 여러분을 챙겨 주시는 선생님들이 하는 일에는 이렇게 변화가 생기고 있어요.

교사는 어떻게 달라질까?

미래의 수업은 어떻게 진행될까요? 첨단 기술을 동원한 교재로 수업이 이루어진답니다. 이를테면 가상 현실 기기를 쓴 채 신라 시대로 가서 불국사가 지어지는 모습을 보기도 하고 미래로 가서 우주여행을 하는 수업처럼 말이에요. 유행성 질병으로 안전하게 학생들을 가르칠 수 있는 환경을 준비하는 일로 교사의 일은 다양해지고 있어요. 음악회에서 연주자 수십 명에게 방향을 알려 주는 오케스트라 지휘자처럼 말이지요.

책으로 가르치던 환경에서 첨단 IT 기술로 만든 다양한 영상으로 수업 내용을 실감 나게 전달하는 시대가 머지않았어요. 따라서 교재에 있는 지식뿐만 아니라 자유롭게 첨단 기술을 수업에 적용할 수 있어야 해요. 그래야만 더 재미있고 기억에 오래 남는 교육을 할 수 있을 테니까요. 화산 폭발을 설명하는 과학 수업을 예로 들어볼게요. 가상 융합 기술로 만든 영상에서 마그마가 끓어올라 재로 멀리 날아

가는 모습을 교실에서 생생하게 볼 수 있답니다.

집에서 인터넷에 접속해 수업을 듣는 환경을 고민해서 교재를 만드는 등 온라인으로 소통하는 일은 더 많아질 거예요. 하지만 교실에서 가르치는 상황과 온라인을 통해서 가르치는 상황은 매우 다르답니다. 따라서 과목에 따라 1:1 교육을 하는 등 학생들에게 더 바람직한 교육 방식으로 가르칠 수 있도록 연구하는 일이 필요해요.

이런 교육 환경의 변화를 이끄는 교사가 되려면 교과를 잘 알아야 해요. 교육 내용에 맞는 교재를 스스로 만들거나 잘 구성하는 실력도 갖추어야 해요. 온라인 환경에서 집중할 수 있는 자료를 만들면 교육 효과를 높일 수 있으니까요. 이미 멸종한 공룡을 공부하는 학생이 설명만 듣거나 글로 읽기보다 생생한 자료로 공룡 울음을 듣고 커다란 몸집을 보면 어떨까요? 그 시대를 상상하고 공부하는 데 큰 도움이 되겠지요? 온라인의 세계도 그런 무궁한 가능성이 있는 배움의 터가 될 거예요. 교사는 이런 변화에 적극적으로 대응해야 하는 직업이에요.

진로상담교사

예전에는 학교를 졸업하고 직장을 선택하는 길이 요즘처럼 다양하지 않았어요. 피아노를 전공하면 연주가나 교육가의 길을 가고 의학을 전공하면 의사가 되는 것을 당연하게 여겼어요. 앞으로는 학문 하나만 해서는 빠르게 바뀌는 세상에 맞추어 안정적인 직업을 갖기 어려워질 수 있어요. 피아노 전공자가 의학 전공자와 만나고 인공지능전문가와 함께 마음의 병을 앓는 환자들을 치료하는 프로그램이나 기기를 만들 수도 있거든요.

서로 각 분야의 장점을 가져와 활발하게 이야기하고 문제를 해결하며 다른 사람들이 필요로 하는 제품이나 기기를 만드는 직업이 늘어날 거예요. 다양하면서도 상상하지 못했던 직업의 세계. 그 무한한 세계에서 어려움을 마주할 때마다 진로를 상담하는 교사의 역할은 더욱 커지겠지요.

안전한 먹거리를 똑똑하게 만드는 생산자
농부

- ☑ 활동 분야 : 농업, 유통업
- ☑ 미래 전망 : ★★★★☆
- ☑ 관련 학과 : 생물학과·농학과·바이오 관련 학과
- ☑ 요구 능력 : 사명감·성실함·배려심·책임감

　인류의 역사에서 가장 오래된 직업에 농부가 있답니다. 신석기 시대부터 밀과 보리 등 작물을 재배했다고 하니 농사의 역사는 무척이나 오래되었어요. 농부는 지식이 필요한 직업이에요. 땅·작물·날씨·농기계에 폭넓은 지식이 있어야 하거든요. 이를 바탕으로 새벽부터 부지런하게 키울 작물의 씨를 뿌린답니다. 또 작물이 잘 자라도록 온도를 맞추고 비료나 농약을 언제 어떻게 얼마나 뿌려야 할지, 자란 작물은 언제 수확할지 꼼꼼히 따져요.

　씨앗을 뿌리고 열매를 거두기까지 지금의 농부가 이런 일을 한다면 미래의 농부는 어떤 일을 할까요?

농부는 어떻게 달라질까?

　농사를 짓기 위해 겨우내 얼은 땅을 일구어 씨를 뿌리고 비료를 주고 수확하기까지는 정말 쉽지 않아요. 이렇게 농부의 땀과 노력이 가득한 농업에서도 새로운 기술의 바람이 불고 있답니다. 사람들의 생활 수준이 높아지면서 오염된 환경과 농약으로부터 안전한 먹거리를 찾는 소비자들이 늘고 있어요. 이러한 소비자들의 바람에 맞게 다양한 첨단 기술이 농업에 쓰이고 있지요. 이를테면 버섯·채소·수박 등과 같은 비닐하우스 작물들은 재배할 때 온도가 매우 중요해요. 미래의 스마트 농부는 다르답니다.

　비닐하우스에 온도 감지 센서와 CCTV를 달아 스마트폰으로 온도의 변화나 예상치 못한 상황을 즉시 확인할 수 있어요. 또 드론을 이용해서 날씨가 궂은 날에도 넓은 논과 밭을 둘러볼 수도 있어요. 경운기를 타지 않고도 작물이 잘 자라는지, 해충에게 입은 피해는 없는지 확인할 수도 있지요. 자동화 기계 설비로 비료나 농약도 안전하게 옮기고 뿌릴 수도 있답니다.

　인공 지능 기술과 만난 농업은 분야도 다양해지고 있어요. 미래 먹거리인 식용 곤충을 연구할 수도 있고 알레르기가 심한 사람들을 위해서 안전한 농작물을 재배할 수 있어요. 또한 빌딩으로 된 농장을 지어 '정장을 입고 출근하는 농부'가 될 수도 있답니다. 이런 농장은 시간이나 장소에 영향을 받지 않아요. 이를 '스마트 농장(Smart Farm, 스마트팜)'이라고 해요. 실제로 각종 채소들이 스마트 농장에서 잘 자라고 있어요. 스마트 농장은 태풍·폭우·폭설 등의 자연 재해에서 농작물을 안전하게 지켜 줘 좋은 품질로 키울 수 있어요. 이러한 스마트

농장을 잘 운영하려면 농작물 지식은 물론이고 사물 인터넷·빅 데이터·인공 지능 등의 첨단 기술을 이해해야 해요. 키우고 싶은 농작물을 잘 자라게 하려면 어떤 기술을 이용하면 좋을지 알아야 하기 때문이지요.

미래식량연구가

미래에는 건강하고 안전한 먹거리가 부족해진다고 해요. 환경 오염이 심해지고 작물을 키울 땅이 줄어들어 농작물이 모자랄지도 모르거든요. 미래식량연구가는 쌀이나 밀, 육류를 대신할 영양분이 살아 있는 식재료를 활발히 연구하고 있답니다. 그리고 밥 한 공기에 필요한 쌀보다 훨씬 적은 양으로도 영양분을 공급할 수 있는 식량을 연구해요. 자연 훼손도 줄어들고 식량이 부족한 나라도 도울 수 있겠지요?

정밀농업기술자 드론·인공 지능·자율 주행·빅 데이터·클라우드 등 첨단 기술을 농업에 이용해 더 좋은 작물을 키우는 직업이에요. 그만큼 공학 분야를 깊이 공부한 전문가들이 종사하는 분야이지요. 하지만 농사 경험과 농업의 깊은 이해 없이는 작물·재배 환경·일하는 사람을 위한 기술 지원이 어려울지도 몰라요.

인공 지능과 함께하는 질서 지킴이
법조인

- ☑ **활동 분야** : 법원·기업·법률 사무소·국제기구·정책 기관 등
- ☑ **미래 전망** : ★★★★☆
- ☑ **관련 학과** : 법률전문대학원
- ☑ **요구 능력** : 사명감·성실함·배려심·책임감·분석력·판단력

  생활에서 자주 보기 어려운 검사와 판사는 사건의 판결과 합의를 조정하는 과정에서 큰일을 하는 사람들이에요. 이들을 옛말로 "조정에서 일한다." 하여 '법조인'이라고 불렀어요. 요즘에는 그 의미가 더 넓어지면서 변호사와 법무사도 '법조인'이라고 해요. 검사와 변호사, 판사는 지금 어떤 일을 할까요?

  검사는 정치와 경제에서 중요하게 다뤄지는 부패 사건·마약·조직 범죄 등 사회와 시민 안전을 위협하는 사건을 수사해요. 고소인이나 혐의가 있는 사람의 면담을 마치면 경찰관을 지휘하여 범죄 증거를 모으고 분석해요. 수사가 끝나고 죄가 있다면 사건에 적용할 법적 문제를 검토해 법원에 심판을 요청해요.

변호사는 국선 변호사부터 개인·기업형 변호사나 자문 변호사 등 분야가 다양해요. 사건 당사자 및 대리인과 상담한 뒤 결과에 따라 사건의 종류(민사 소송 사건이나 행정 소송 사건 등)를 판단하고 변호에 필요한 자료를 정리해요. 사건 당사자의 법률 대리인으로서 재판이 끝날 때까지 법원과 법정에서의 일을 대리해 줘요.

판사는 검사와 변호사의 논쟁을 잘 듣고 증인의 진술과 법정에 제출된 증거를 잘 살펴요. 이를 통해 사건의 범죄 여부를 판단한 뒤 법률 지식을 바탕으로 공정하게 판결을 내린답니다.

법조인은 어떻게 달라질까?

4차 산업 혁명의 기술로 가장 크게 영향을 받을 직업군은 법조인이라고 해요. 누구에게나 똑같이 적용되어야 하는 법률들은 잘 마련되어 있어요. 인공 지능 로봇의 활약으로 표준화된 분야부터 인공 지능이 쉽게 쓰일 수 있답니다.

인공 지능 검사는 사람들에게 어떤 도움을 줄 수 있을까요? 검사가 사건을 검토하고 법원에 심판을 요청할 때 봐야 할 자료들은 어마어마하게 많아요. 인공 지능 검사는 길거리에 담배나 쓰레기를 버리고

빨간 불일 때 신호등을 건너는 단순 범죄는 자판기를 두드리듯 비슷한 사건들을 빠르게 모을 수 있어요. 덕분에 단순한 일은 순식간에 줄여 줄 수 있겠지요.

인공 지능 변호사를 상상해 볼까요? 인공 지능 변호사가 곁에 있다면 비싼 상담료를 내지 않아도 쉽게 변호인으로 세울 수 있어요. 법률 키워드를 검색하면 비슷한 사건을 찾아 어떻게 대응해야 하는지 알려 줄 수 있어요. 아직 단순한 업무에 한해서만 맡길 만한 수준이지만요. 앞으로 인공 지능 기술과 윤리 방침이 더 자세하게 정해진다면 인공 지능의 활용이 더 많아질 거예요.

인공 지능 판사는 수백 명이 평생을 봐도 보지 못할 세계 법조문과 판결 사례를 단 몇 시간 만에 학습하고 검토할 수 있어요. 그리고 검사와 변호사의 변론과 제출한 증거들을 빠르게 살펴 정확한 판결을 내릴 거예요.

그렇다면 검사·변호사·판사는 영영 사라질까요? 다른 분야처럼 단순하고 반복적인 법률 업무는 빅 데이터를 기반으로 인공 지능 로봇이 대신해요. 복잡한 사건이나 심리 분석이 필요한 사건에는 여전히 인간 검사·변호사·판사가 맡아야겠지요. 단순한 사건까지 맡느라 복잡한 사건을 충분히 검토하지 못했던 법조인들은 인간만 할 수 있는 예리한 분석과 배려, 정의감으로 법률 업무를 해 나갈 수 있어요. 그럼에도 인공 지능이 앞으로 검사·변호사·판사의 '법정 친구'라고 불리는 날이 머지않았답니다.

사람들의 평생 직업 가이드
인재개발전문가

- ☑ **활동 분야** : 기업, 평생 교육 기관
- ☑ **미래 전망** : ★★★★☆
- ☑ **관련 학과** : 교육학과, HR 관련 학과
- ☑ **요구 능력** : 통찰력·IT 트렌드 지식과 이해·소통 능력

    기업에서는 유능한 직원을 뽑기 위해 노력과 시간을 아끼지 않아요. 또 뽑은 직원이 능력을 잘 펼칠 수 있도록 교육하는 일도 기업이 투자할 만큼 중요한 일이에요. 기업이나 단체, 국가 기관 등에서 찾는 인재를 위해 일하는 사람들을 '인재개발전문가'라고 해요.

    현재, 인재개발전문가들은 기업에서 필요로 하는 사람들을 채용하고 교육하는 일을 해요. 인공 지능이 인간이 하는 일을 상당 부분 대체하는 미래에 인재개발전문가들은 어떤 역할을 할까요?

인재개발전문가는 어떻게 달라질까?

요즘에는 나이 65세 이후에도 물러날 필요 없이 계속 일하는 직장을 꿈꿔요. 이런 직장을 가리켜 '평생 직장'이라고 해요. 한 번 입사하면 은퇴할 때까지 한 직장을 다닌다는 뜻이에요. 시대가 빠르게 달라지는 요즘에는 어울리지 않는 말이에요. 오히려 한 사람이 평생 직업 하나만 갖는 것이 더 특이할지도 몰라요. 늘어난 수명 덕분에 앞으로 적게는 몇 개, 많게는 수십 개의 직업을 경험할 수 있거든요.

누군가는 교사로 중학생을 가르치다가, 책을 써서 작가가 되기도 하고 그 경험으로 유튜브 개인 방송을 하는 1인 크리에이터가 되기도 해요. 또는 미래의 크리에이터를 가르치는 교육원을 세울 수도 있지요. 이런 변화는 주변에서 어렵지 않게 찾아볼 수 있어요.

인공 지능이 인간과 인간의 일을 대체하는 시대에 더 이상 인재개발은 필요가 없을까요? 오히려 인간만이 잘하는 영역을 찾아내는 데에서부터 인재개발전문가의 능력이 두드러질 거예요.

인간은 반복적이고 표준화된 일에서 인공 지능의 정확성과 속도를 앞지르기 어려워요. 제조업이나 단순 서비스업에서 사람들의 일자리가 점차 사라지는 것이 그런 이유예요. 그럼에도 인간이 할 일은 분명히 있답니다. 바로 첨단 기술을 활용한 기기나 프로그램을 기획하고 개발하는 일이에요. 이런 분야를 잘 찾아내고 필요한 역량을 키울 교육 프로그램을 만드는 일에 인재개발전문가가 힘을 쏟겠지요. 또 미래에 맞는 창의적인 인재를 기업에 소개하고 빠르게 새로운 업무와 이어 주는 일에 더 많은 노력을 할 거예요.

발달한 인공 지능으로 일자리 약 700만 개가 사라진다고 해요. 동시에 약 200만 개가 새로 만들어지고요. 인재개발전문가는 이러한 새로운 일자리에서 적성과 능력을 갖춘 인재를 기업에게 이어 줘요.

특히 수명이 늘어나면서 일하는 시기가 더 길어진 만큼 인재개발

전문가는 연령과 학력, 그간의 경험을 분석하여 일할 수 있는 업종을 시기별로 찾아서 소개할 거예요. 또 필요한 역량을 키울 수 있도록 교육 안내도 해 주는 평생의 직업 안내가로 활약한답니다.

평생교육전문가

예전에는 평생 교육을 노인들의 여가를 보내는 교육 프로그램으로 여기곤 했어요. 60대에 은퇴해도 20~30년 동안 경제 활동을 해야 하는 미래에 평생 교육은 제2, 제3의 직업을 찾는 과정이라고 할 수 있지요. 컴퓨터프로그래머로 일하다가 목수 학교를 졸업하고 컴퓨터 디자인으로 설계를 그려서 집을 짓는 일을 할 수도 있어요. 또 영어교사를 하다가 공예를 배워서 작가로 활동할 수 있어요. 평생교육전문가는 다양한 도전을 하는 사람들에게 알맞은 교육 프로그램을 알려 줘요. 때때로 강의하면서 방향을 정하는 평생교육전문가도 미래에 인간만이 할 수 있는 매력적인 직업이라고 할 수 있어요.

블록체인전문가

빅데이터분석가

로봇개발자

6
미래 사회를 개척하는 IT 직업 이야기

소프트웨어개발자

우주공학자

인공지능전문가

정보화 시대,
주목받을 IT 직업

　우리에게 익숙한 교사·의사·변호사·회계사·군인 등과 같은 직업들은 인공 지능을 만나기 전부터 많은 사람이 직업으로 삼았어요. 21세기 이전부터 사람들과 사회를 이끌어 온 중요한 직업이었지요.

　최근에는 인공 지능을 비롯한 4차 산업 혁명 기술들이 눈부시게 발전하고 있어요. 이 덕분에 이전에는 상상하지도 못했던 새로운 직업들이 생겨나고 있답니다. 이번 장에서는 그 가운데 핵심이 되는 몇 가지 직업을 살펴볼 예정이에요.

　인공 지능·빅 데이터·클라우드·사물 인터넷 등은 사람들의 삶 여기저기에 스며들어 사람들이 편리한 삶을 누리게 도와주고 있어요. 이런 여러 최신 기술이 없었다면 생겨나지 못했을 직업들도 많아요.

　미래 산업에서는 어디에서나 인공 지능이 핵심 기술로 쓰일 거예요. 따라서 인공 지능 분야의 최고 전문가가 더 필요해진답니다. **인공지능전문가**는 관련 분야에서 없어서는 안 될 전문 영역을 맡아요. 실제로 인공 지능은 우리가 쉽게 접하는 생필품 개발부터 농업·수산업·건축·마케팅·교통·도시 관리, 나아가서 우주 산업까지 미치지 않는 영역이 없을 만큼 두루 쓰이고 있어요. 그만큼 인공지능전문가도 더 많이 필요해질 예정이라 여러분의 꿈을 펼치기에 좋은 분야라고 할 수 있어요.

　이런 인공 지능 기술을 바탕으로 **로봇개발자**도 될 수 있어요. 이들은 병들거나 크게 다친 신체를 대신하는 로봇을 만들어 줘요. 수백, 수천 명이 하던 일을 단숨에 줄여 주는 업무용 로봇을 디자인하거나 인명 피해를 막아 주는 군사용 로봇을 개발하기도 한답니다. 로봇개발자 역시 참여할 분야가 무척 다양해서 전망이 밝은 직업으로 손꼽히고 있어요.

　수많은 데이터를 찾고 분석해서 교육·의료·교통·생산 등 각종 미래 사회의 시스템에 기여할 **빅데이터분석가**도 주목받고 있어요.

상상을 초월할 만큼 데이터가 빠르게 늘어나는 21세기에는 정확한 데이터 분석이 필요해요. 기업·병원·학교·국가 기관에 분석 내용을 제공하는 일은 더 중요해져서 정보화 시대에 빠질 수 없는 직업이기도 해요.

수많은 데이터를 안전하게 활용하도록 보안을 담당하는 **블록체인전문가**도 크게 관심을 받는 직업 가운데 하나예요. 이들은 디지털 콘텐츠를 보호하거나, 비트코인과 같은 가상 화폐를 안전하게 거래하도록 도와준답니다. 또 무인 시스템에 도움을 주어 앞으로 활약할 분야가 급격히 늘어날 전망이에요.

이런 첨단 기술이 발전하면서 인류는 지구를 벗어나 우주를 활동 무대로 삼는 꿈을 현실로 이루고 있어요. 미지의 세계인 우주로 나아갈 수 있도록 돕는 **우주공학자**는 인류의 꿈인 우주 탐험은 물론 사람들이 우주에서 살아갈 수 있도록 연구하고 도전하는 직업이에요.

이 모든 것이 인공 지능 컴퓨터를 바탕으로 이루어지기 때문에 컴퓨터 프로그램을 개발하고 명령을 심는 **소프트웨어개발자**의 중요성도 커지고 있어요. 이들의 창의적이고 모험적인 프로그램 개발은 앞으로도 크게 환영을 받을 거예요.

아직까지 인공 지능 로봇의 윤리적인 범위와 블록체인의 합법화 논의 등처럼 법과 제도에서 정리되지 않은 부분도 있답니다. 이런 분야 역시 미래 시대를 이끌어 갈 여러분이 도전할 또 다른 과제라고 할 수 있어요. 아무도 가지 않은 길인 만큼 많은 어려움이 있을지도 몰라요. 그럼에도 여러분이 직접 그 길을 만들어 간다면 그만큼 보람은 커지겠지요?

사람을 돕는 기계 친구의 창조자
로봇개발자

- ☑ **활동 분야** : 산업 전 분야
- ☑ **미래 전망** : ★★★★★
- ☑ **관련 학과** : 컴퓨터공학과·전기전자공학과·소프트웨어공학과·제어계측공학과 등
- ☑ **요구 능력** : 공학적 사고력·창의력·관찰력 등

미래에는 사람을 닮은 로봇이 커피를 배달하고 백화점에서 손님에게 어울리는 옷을 권하는 모습을 자주 볼 수 있을지도 몰라요. 이렇게 사람이 하는 일을 대신할 수 있도록 만들어진 기계인 로봇은 사람을 닮은 기기만 가리키지 않아요. 사람 대신 일할 수 있도록 외부에서 다룰 수 있게 만든 '팔'도 로봇이라고 하지요. 이처럼 사람들을 도울 로봇은 앞으로 더욱 다양하게 발전할 거예요. 필요에 따라서 모습을 바꾸어 사람을 돕는 로봇도 만들어질 예정이지요. 로봇개발자는 바로 이런 일이 가능하도록 돕는 전문가랍니다.

로봇개발자는 어떻게 달라질까?

 인공 지능 기술이 가장 많이 쓰일 분야는 '로봇 개발'이에요. 오늘날에는 사람들을 대신해 인공 지능이 대신할 분야들에 관심이 높아지고 있어요. 아픈 환자가 움직이는 것을 돕고 무거운 짐을 날라 주는 로봇도 필요하듯 말이지요. 로봇개발자는 쓰임에 맞게 인공 지능으로 로봇을 개발합니다. 그렇다면 어떤 분야에서, 어떤 로봇들이 만들어져 쓰일까요?

 가장 먼저 '산업용 로봇'을 들 수 있어요. 자동차를 만들려면 사람의 작업이 수천 번이나 필요해요. 이 작업에는 무거운 재료를 들거나 위험한 과정도 정말 많답니다. 산업용 로봇은 사람 없이 여러 종류의 제품을 만드는 작업에 쓰여요. 창고에 가득 쌓인 무거운 물건이나 짐을 나를 때도 이 로봇이 쓰이지요.

 다음으로 '의료용 로봇'이 있어요. 이미 수술 로봇은 10년 전부터 병원에서 쓰였지만 일부에 불과했어요. 앞으로는 다양한 수술에서 로봇이 쓰여요. 사람보다 더 정교하게 수술해 안전한 수술 도우미로 활약할 예정이지요.

 '군사용 로봇'도 빠질 수 없어요. 위험한 지역을 사람 대신 다녀오거나 폭탄을 탐지하고 24시간 적을 감시하는 일을 맡아요. 이런 활동 덕분에 군인들의 고생이 줄어들 수 있어요.

 환경과 안전을 담당하는 로봇도 만들어지고 있어요. 이 로봇들은 산불이나 화재를 감시하고 위급할 때 사람을 구해요. 산업이나 군대, 환경에서뿐만 아니라 가정에서도 로봇을 많이 볼 수 있어요. 치매 환자를 돌보는 로봇, 몸을 움직이기 어려운 환자를 돌보는 로봇, 살림살이를 도와주는 로봇, 음악을 들려주고 책도 읽어 주고 친구처럼 이야기해 주는 로봇 등이 만들어지고 있어요. 강아지 모양으로 만들어진 펫 로봇도 있답니다.

앞으로는 이런 로봇뿐만 아니라, 머리카락보다도 훨씬 얇고 작은 나노 로봇도 나와요. 몸을 꼼꼼히 살펴서 아픈 곳을 관찰하고 치료하는 로봇도 만들어져 의료 분야에서 활약할 거예요.

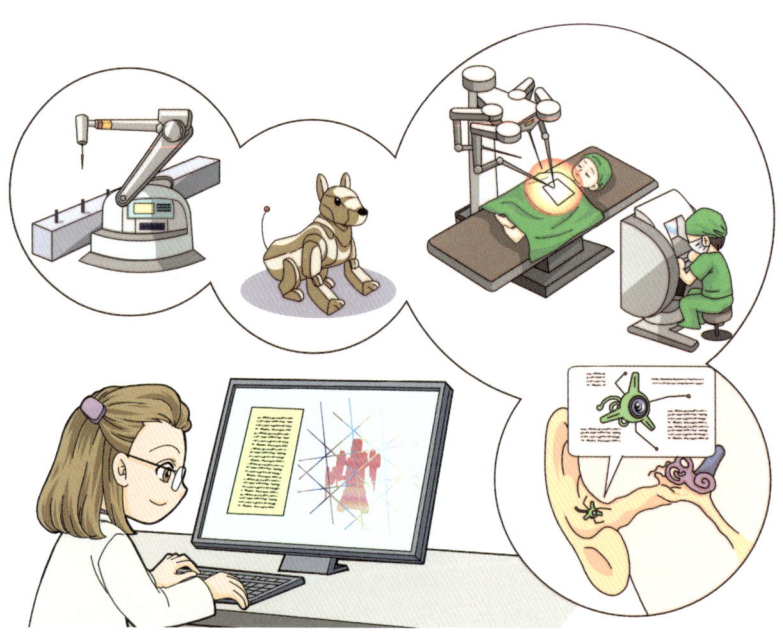

로봇개발자는 로봇을 움직이게 하는 인공 지능 프로그램을 자유롭게 다룰 수 있어야 해요. 이 밖에도 목적에 맞는 로봇 모양이나 움직임을 만드는 일도 맡아요. 만든 로봇에게 도움을 받아 걷지 못하는 환자가 걸을 수 있고 외로운 사람들이 로봇과 즐겁게 대화한다면 정말 보람된 일이겠지요? 실력 있는 로봇개발자가 되려면 인공 지능 기술과 컴퓨터 공학, 제어 계측 기술 등을 공부해야 해요. 무엇보다 로봇을 필요로 하는 사람들을 관심 있게 살피는 배려가 필요하답니다.

로봇정비사

미래에는 의료용·산업용·군사용·가정용·환경용 등으로 로봇이 많이 쓰여요. 수많은 로봇이 만들어지는 만큼 로봇의 고장, 부품이나 새 소프트웨어로 바꾸는 작업 등을 도와줄 전문가가 필요하답니다. 로봇정비사는 고장 난 부품을 바꾸어 잘 움직이도록 고치는 일만 하지 않아요. 컴퓨터로 움직이는 로봇 덕분에 미래의 로봇정비사는 컴퓨터 모니터에서 로봇을 잘 관찰하게 될 거예요. 또 정비하는 곳도 다양하게 나뉘어 분야별로 활약할 거랍니다.

해킹을 막고 보안을 맡는 든든한 지킴이
블록체인전문가

- ☑ **활동 분야** : 금융·보안·의료·미디어·물류 등 산업 전반
- ☑ **미래 전망** : ★★★★★
- ☑ **관련 학과** : 소프트웨어공학과·컴퓨터공학과·수학과·암호학과·정보보호학과 등
- ☑ **요구 능력** : 논리력·추론·사고력·공학적 호기심·소통 능력

오늘날의 디지털 세상에서 스마트폰과 컴퓨터가 없는 생활은 상상할 수 없어요. 물과 공기처럼 생활필수품이 된 인터넷은 사람들에게 예기치 못한 '해킹'이라는 위협도 가져왔어요. 해킹은 소중한 개인 정보나 자료를 온라인에서 마구 퍼트리고 사기에까지 이용하며 사람들에게 크게 피해를 입히고 있어요. 오늘날, 이런 해킹을 막고 디지털 생활을 보호하는 기술을 개발하고 있어요. 대표적인 분야가 '블록체인(Block Chain)'이라는 신기술이랍니다. 이 기술은 블록에 정보를 담아 여러 컴퓨터에 보낸 뒤 하나로 이어 정보를 관리해 줘요.

블록체인전문가는 어떤 일을 할까?

블록체인 기술은 최근에 많은 발전을 이루었어요. 여러분이 블록체인 관련 직업을 가질 때는 적용 분야가 더 많아지리라 보고 있어요. 블록체인이 쓰인 분야에서 가장 잘 알려진 사례가 비트코인과 같은 암호 화폐예요. 지금까지 금융 거래는 믿을 수 있는 은행 기관이 중간에서 관리해야 한다고 생각했어요. 보안이나 체계가 잘 잡힌 은행에 맡겨야 안전하다고 믿었으니까요.

최근 블록체인 기술이 암호 화폐에 쓰이면서 은행도 중간에서 할 일이 조금씩 없어지고 있어요. 모두의 컴퓨터에 담긴 블록체인 기록이 믿을 만한 거래인지 대신 보장해 줄 테니까요.

블록체인이 금융 쪽에서 먼저 쓰이는 이유는 해킹이 쉽지 않기 때문이에요. 그렇다면 다른 분야에서도 블록체인을 쓸 수 있을까요? 전문가들은 디지털 세상이 발전할수록 블록체인 기술이 거의 모든 곳에서 활용되리라고 예측해요.

블록체인은 의료 분야에서 어떻게 쓰일까요? 병원에는 태어나서 지금까지 진료를 받은 환자들의 기록이 있어요. 이 데이터는 뿔뿔이 흩어져 있어서 급할 때 참고할 수가 없답니다. 블록체인은 흩어진 의료 데이터를 병원끼리 잘 주고받을 수 있도록 안전하게 지켜 줘요. 물론 소중한 개인 정보이기 때문에 그에 맞는 제도 마련이 함께 진행 중에 있답니다.

블록체인은 교통수단에서도 큰 영향을 줄 거예요. 운전자 없이 목적지까지 도착할 수 있는 자율주행차에서 말이에요. 블록체인 기술이 없다면 원격으로 해킹을 해서 목적지를 바꾸거나 문을 잠가 내릴 수 없게 할 수도 있어요. 자율주행차가 널리 쓰이려면 보안 기술인 블록체인이 중요해진답니다.

가상 융합 현실 콘텐츠가 전송될 때도 해킹되지 않도록 막아 주는데 블록체인 기술이 쓰여요. 또 온라인에서 쇼핑한 제품이 무사히 배송될 때까지 잘못된 정보가 들어가지 않도록 블록체인 기술이 막아 줘요.

앞으로 블록체인 기술을 배우고 경험한다면 디지털 세상의 모든 분야에서 블록체인전문가로 멋지게 활동할 수 있을 거예요.

미래의 은행원은?

옛날에는 안정적인 직업으로 은행원을 꼽았어요. 오늘날 은행의 점포 수는 인터넷 뱅킹과 ATM 기기가 늘어나면서 점차 줄어들고 있어요. 고객들의 돈을 맡아 주고 관리하는 단순한 일 또한 인공 지능 로봇과 블록체인이 대신해 줄 수 있어요. 미래의 은행원은 돈을 맡긴 개인에게 필요한 평생 자산 관리를 상담하고 자산을 불려 주는 일로 발전한다고 해요. 자동차의 등장으로 마부가 운전사로 바뀌었듯, 전문가들은 은행원도 금융 서비스를 더 개발하고 관리하는 방향으로 바뀐다고 예측해요.

빅데이터분석가

디지털 시대의 보석 상자, 데이터를 다루는 전문가

- ☑ **활동 분야** : 제조·의료·교육·국방·교통 등 산업 전 분야
- ☑ **미래 전망** : ★★★★★
- ☑ **관련 학과** : 통계학과·컴퓨터공학과·데이터 교육 과정 등
- ☑ **요구 능력** : 통찰력·관찰력·호기심·창의력

데이터란 무엇일까요? 종이에 쓰인 글자도 데이터, 날마다 보는 유튜브 동영상도 데이터예요. 보이는 자료뿐만 아니라 말이나 몸짓, 눈깜빡임 횟수 등 사람들이 살면서 만나는 모든 것이 데이터가 돼요. 이렇게 흩어져 있는 수많은 데이터를 '빅 데이터'라고 해요. 우리가 태어나기 전부터 데이터는 세상에 있었답니다. 최근에 왜 빅 데이터 분야에 관심이 높아지고 있을까요? 예전에는 셀 수 없이 많은 데이터를 처리할 컴퓨터 용량과 저장할 장소가 부족했어요. 최근에는 4차 산업 혁명의 대표 기술인 인공 지능과 사물 인터넷, 클라우드 등의 등장으

로 빠르고 효과적으로 주변의 데이터를 분석하는 새로운 시대가 열렸어요.

빅데이터분석가는 어떻게 달라질까?

빅 데이터 분석에는 어떤 사례가 있을까요? 사람들이 자주 사용하는 인스타그램이나 트위터 등 SNS 회사를 살펴볼까요? 빅 데이터는 이용자들이 검색하는 단어와 영상 등을 실시간으로 분석해서 맞춤형 콘텐츠를 보여 줘요. 쇼핑몰에서는 자주 찾는 상품을 화면에 잘

보이게 할 수도 있고요. 나이나 성별에 맞춘 상품을 보여 주어 이용자에게 더 맞는 상품을 쉽게 찾도록 해 준답니다.

　농업이나 어업에서도 날씨의 빅 데이터는 중요해요. 레저 산업에도 기상청의 빅 데이터 분석을 통한 날씨 예보를 잘 살펴야 해요.

　빅 데이터는 안전과 관련 있는 분야에서도 많이 쓰여요. 범죄율이 높은 지역을 분석해서 어두운 밤거리가 밝아지도록 스마트 전등을 설치할 곳을 정하고 경찰의 방범 횟수를 높이기도 해요.

　의료 분야에서도 빅 데이터는 빠지지 않아요. 위중한 병을 앓는 환자의 치료 데이터를 분석하여 더 알맞은 치료제를 만들 때 도움을 줄 수 있거든요. 교통에서도 자율주행차가 안전하게 운행되도록 교통 데이터를 제공해 주기도 해요. 이처럼 빅 데이터는 생각지도 못한 많은 분야에서 쓰여서 발전 가능성에 제한이 없어요. 미래에는 인공 지능의 분석 데이터와 실제 생활의 데이터를 함께 분석해서 결과가 더 풍부해지고 정확해진다는 전망이 많답니다.

　앞으로 빅데이터분석가는 책이나 신문과 같은 종이 데이터뿐만 아니라 영상·SNS·신용 카드·사물 인터넷 센서 등을 잘 살펴볼 거예요. 이렇게 모은 데이터를 어떻게 분석할지 생각하고 어떻게 관리할지 계획을 세워 실천하지요.

　사람들은 데이터와 함께 살지만 데이터를 읽고 분석해서 생활이나 일에 쓰지 못해요. 문제는 데이터를 제대로 분석하지 못하면 위험한 일이 생길 수 있다는 점이에요. 이런 일을 막고 정확하게 분석하려면 그만큼 많은 통계학 지식과 빅 데이터 개발 프로그램을 이해해야 해요.

빅 데이터 분석 능력은 다른 산업과 만났을 때 빛을 발해요. 패션 관련 빅 데이터라면 패션의 트렌드를 잘 알아야 해요. 경제 관련 빅 데이터라면 전 세계의 시장 환경을 잘 이해해야 한답니다. 빅데이터분석가는 자기가 맡은 분야를 제대로 알아보는 넓은 시각과 통찰력으로 데이터를 분석하는 전문성이 높은 분야예요.

빅데이터개발자

빅데이터분석가들이 사용할 분석 도구 즉 데이터를 관리하는 프로그램을 개발할 빅데이터개발자도 중요해요. 아무리 분석 계획이 훌륭하고 활용하는 곳이 분명해도 데이터를 분석할 프로그램이 없다면 그림의 떡이겠지요?
빅 데이터 분석이 쓰이는 모든 분야에 개발 프로그램이 활용되어서 그 범위가 넓고 필요한 기능도 다양해요. 이를 맞추려면 빅데이터개발자는 통계 지식과 프로그램 개발 능력, 빅데이터분석가가 요구하는 사항을 잘 이해해야 해요. 그 내용을 만들어 내는 데 도움을 줄 소통 능력도 있어야 한답니다.

디지털 세상을 움직이는 전문가
소프트웨어개발자

- ☑ 활동 분야 : 온라인·모바일 산업 전반·의료·제조·교육·엔터 등 전 분야
- ☑ 미래 전망 : ★★★★☆
- ☑ 관련 학과 : 컴퓨터공학과·정보통신공학과·소프트웨어공학과 등
- ☑ 요구 능력 : 논리력·창의력·책임감 등

사람들이 편리하게 사용하는 컴퓨터나 휴대폰 모두 하루가 다르게 새로운 제품이 만들어지고 있어요. 이런 제품에 중요한 프로그램이 없다면 그저 비싼 장식품에 불과하지요. 성능이 좋은 컴퓨터에서 사람들이 영화를 보고 게임이나 스포츠를 즐기며 공부할 수 있도록 소프트웨어 프로그램이 도와준답니다. 소프트웨어개발자는 대학에서 컴퓨터공학이나 소프트웨어공학 등을 전공하거나 정보 통신 관련 사설 교육 기관이나 직업 훈련 학교 등에서 6개월 이상 교육을 받고 될 수 있어요. 이들은 유닉스(Unix)나 리눅스(Linux), 윈도(Windows)와 같

은 컴퓨터 운영 체계를 개발해요. 정보 보호에 필요한 방화벽, 인증과 관련한 소프트웨어도 개발한답니다. 각종 산업용 시스템에서 운영하는 관리용 소프트웨어 개발도 이들의 몫이에요. 더 나아가 컴퓨터와 관련한 새로운 기술도 연구하지요.

소프트웨어개발자는 어떻게 달라질까?

컴퓨터에게 어떤 일을 시키고 싶다면 컴퓨터가 알아들을 수 있는 언어로 명령을 전달해야 해요. 따라서 프로그램은 명령 전달에 꼭 있어야 한답니다. 밥을 짓는 과정으로 따져 볼까요?

쌀을 씻는다.	➡	물을 붓는다.	➡	불을 켠다.	➡	20분 뒤에 불을 끈다.

이런 명령이 순서에 따라 하나하나 필요해요. 여러분이 컴퓨터로 즐기는 재미있는 게임도 이런 크고 작은 명령들로 설계되어 있어요. 소프트웨어개발자들은 프로그램을 개발하고 테스트를 거쳐서 사용하기까지 단계별로 중요한 일을 해요.

개발하려는 프로그램에 따라서 배워야 할 '프로그래밍 언어'가 있어요. 파이썬·자바·C 언어 등이 대표적인 예예요. 이런 언어를 배우

기만 하면 즉시 프로그램을 개발할 수 있다고 생각하지만 사실은 조금 달라요. 기획하는 일은 뛰어난 능력이 있는 소프트웨어개발자들이 주로 맡거든요. 데이터베이스나 네트워크 그리고 보안과 컴퓨터의 운영 체계 등 따져야 할 사항들이 많기 때문이에요. 지식과 경험이 충분해야 훌륭한 기획과 개발이 이루어질 수 있답니다. 단기간에 프로그래밍 언어를 배워도 이런 프로젝트 경험이 부족하다면 개발보다 잘못된 곳을 손보는 일을 주로 할 수도 있어요.

소프트웨어 개발은 앞으로 가능성이 많지만 종사하는 사람들이 많지 않아요. 그래서 경험이 많은 개발자뿐만 아니라 짧게 교육을 받은 개발자들이 크고 작은 프로젝트에 함께하는 경우도 종종 있답니다.

미래에 소프트웨어개발자는 어떻게 달라질까요? 인공 지능을 활용하면서 초보 소프트웨어개발자들이 맡을 일은 점점 줄어들 거예요. 인공 지능 개발자가 코딩을 하고 문제점을 찾는 시간이 사람보다 훨씬 빠르고 정확하기 때문이에요.

앞으로는 단순한 개발과 보수는 인공지능개발자가 맡고 프로그램을 기획하거나 고객의 자세한 의견에 맞추는 일은 능력 있는 전문 소프트웨어개발자가 맡을 거예요. 창의력을 더하고 새롭게 바뀌는 트렌드를 잘 이해하는 노력이 필요한 분야라고 할 수 있지요.

뛰어난 소프트웨어개발자가 되고 싶다면 집중적인 학습과 경험, 도전 정신으로 새로운 프로그램을 개발하려고 노력해야 한답니다.

프로그램보안전문가

디지털 시대에 소프트웨어 프로그램 개발은 작은 세상을 만드는 일과 같아요. 개발자가 기획한 대로 잘 만들어진 명령 체계에 따라 프로그램이 운영되어야 하기 때문이에요. 때로 이를 방해하는 해커나 네트워크의 문제 등으로 프로그램에 문제가 생겨 잘 운영되지 않을 수 있어요. 앞으로는 해킹과 운영 실수를 막는 프로그램보안전문가도 개발만큼이나 중요해져요. 이들은 프로그램이 어떻게 짜여 있는지 잘 이해하고 공격받을 수 있는 약한 부분을 미리 살펴서 대응 프로그램을 만들어요. 사이버 세상에서는 소중한 개인 정보와 자원을 보호해 주는 경찰과 같은 역할이라고 할 수 있어요.

미지의 세상 우주로 초대하는 전문가
우주공학자

- ☑ **활동 분야** : 우주 관련 산업 전반
- ☑ **미래 전망** : ★★★★★
- ☑ **관련 학과** : 우주공학과·빅 데이터 관련 학과·제어계측학과·전기전자공학과·재료공학과
- ☑ **요구 능력** : 창의력·상상력·수리·논리력·도전 정신

로켓 발사대 앞에서 많은 사람이 초조하게 카운트다운을 하고 있어요. 10, 9, 8, 7…… 3, 2, 1! 요란한 소리와 함께 하늘로 솟구치는 우주선. 이 우주선과 인공위성, 로켓 등은 우주공학자가 개발한답니다. 인공위성 덕분에 기상이나 일기 예보 등 기후 연구가 크게 발전했어요.

로켓은 인공위성이나 유인, 무인 우주선을 쏘아 올려요. 공기가 없어도 추진되는 발사체 기능을 하기에 로켓은 땅에서부터 우주로 사람이나 물체를 실어 나르지요. 우주공학자들이 우주선과 로켓을 개발

하는 이유는 달이나 화성처럼 우주의 행성을 탐사하는 연구를 위해서랍니다.

우주공학자는 어떻게 달라질까?

우리나라도 인공위성을 개발한 기술력으로는 세계 7위 안에 드는 대단한 나라예요. 우주공학 분야에서 새로운 강자로 발돋움하고 있지요. 앞으로 통신 위성을 비롯해서 한국형 발사체 누리호를 개발하고 달이나 소행성도 탐사할 예정이에요.

우리나라뿐만 아니라 세계 선진국들은 너나없이 우주 산업에 뛰어들고 있어요. 세계의 많은 나라가 왜 우주에 관심을 돌리고 있을까요? 우주는 다양한 가능성이 숨겨진 미지의 미래 시장이기 때문이에요. 우주에 띄운 우주선이나 인공위성을 통해 얻은 정보로 지구에 사는 사람들은 더욱 편리하게 살아갈 수 있답니다. 정말 그런지 살펴볼까요?

인공위성은 날씨 정보뿐만 아니라 위치 정보를 사람들에게 줄 수 있어요. 위치 정보는 자율주행차를 움직이는 데 없어서는 안 될 중요한 데이터예요. 길 안내에 필요한 정보를 이동하면서도 얻을 수 있도록 인공위성에서 수집한 위치 데이터가 도와줘요. 실시간 위성 사진을 통해서 농작물의 성장이나 기후 변화에 따른 재난 상황 등도 살필 수 있어서 지구에서의 삶을 보다 안전하게 도와주지요.

　지구 밖에서의 생활은 어떻게 편리해질까요? 우주공학자는 지구가 아닌 행성에서도 사람이 살 수 있는지 연구해 그 꿈이 이루어지도록 도와주는 일을 해요. 프로젝트 스페이스 X는 인간이 화성에서 살 수 있는지 도전하는 우주 사업이에요. 미국 기업가 일론 머스크가 앞장서 이끌고 있지요. 이 도전은 세계적으로 관심을 받고 있어요. 예전에는 우주를 탐사하는 일은 나라에서 할 만큼 엄청난 비용이 들었어요. 테슬라 자동차의 대표로 잘 알려진 일론 머스크는 기업의 아이디어와 노력으로 우주 탐사를 할 수 있다는 사실을 증명하려고 계속 도전하고 있답니다. 아직은 미완성이기에 우주공학자들의 활약이 더욱 기대

되고 있지요.

우주공학자는 우주 관련 지식이 반드시 있어야 해요. 우주공학 지식뿐만 아니라 빅 데이터를 분석하는 능력도 갖추어야 해요. 미래의 우주 산업은 로켓이나 우주선을 개발하는 분야보다도 우주에서 수집한 데이터를 얼마나 잘 활용하느냐에 따라서 달라질 테니까요. 더 먼 미래에는 우주에서 생활하는 데 필요한 많은 기기를 만드는 일까지 우주공학자가 맡을 거예요.

우주의사·우주간호사·우주식품개발자

지구를 완전히 떠나 다른 행성에서 사는 날이 올까요? 당장은 이루어지기 힘들지만 우주를 잠시 여행하는 일은 조만간 가능해질 거예요. 우주여행에는 예상치 못한 상황에 대비해 꼼꼼한 준비가 필요해요. 아플 때, 먹을 때 등처럼 다양한 상황에서 도움을 줄 전문가가 필요하지요. 우주여행의 가이드는 물론, 아플 때 치료해 줄 우주의사와 우주간호사도 꼭 필요해요. 우주식품개발자는 우주에서 먹을 식량을 만드는 일에 도전하고 있답니다. 이제는 지구가 아닌 우주를 배경으로 재능을 펼치고 상상한 바를 이룰 날이 머지않았어요.

미래 산업의 핵심 인력
인공지능전문가

- ☑ **활동 분야** : 산업 전 분야
- ☑ **미래 전망** : ★★★★★
- ☑ **관련 학과** : 컴퓨터공학과, 소프트웨어학과 등
- ☑ **요구 능력** : 논리력·이해·응용력·도전 정신·인내심

여러분은 '인공 지능'이라는 말이 익숙한가요? 인공 지능은 사람처럼 생각할 수 있는 능력을 가질 수 있도록 만들어졌어요. 그래서 사람 대신 일하게 할 수 있는 놀라울 만큼 편리한 기술이지요. 다양한 지식을 단순히 저장하고 활용하기로 끝이 아니에요. 사람이 하나의 지식을 배워 응용하듯 여러 지식을 익혀 새로운 지식을 발견하도록 인공지능전문가가 개발하고 있어요. 사람의 말을 이해하고 대화로 사용자의 의도와 상황에 맞는 서비스와 답까지 제시하는 기술도 계속 연구하고 있기도 해요. 인공 지능은 약 65년 전에 탄생해 조금씩 기초

개념이 자리 잡았답니다. 생각보다 오랜 역사가 있는 인공 지능은 왜 다시 중요해지고 있을까요? 인공 지능 기술의 원리는 당시에도 잘 만들어졌어요. 하지만 그 원리대로 움직이게 할 컴퓨터 속도가 낮았고 데이터들도 부족했기 때문이랍니다. 최근에는 빅 데이터와 사물 인터넷, 클라우드 등의 도움으로 인공 지능 기술이 활용될 분야가 점차 늘고 있어요.

인공지능전문가는 어떻게 달라질까?

인공 지능 기술은 이제 활용되지 않는 분야가 없을 만큼 모든 곳에서 쓰이고 있어요. 어디에 어떻게 쓰이는지 볼까요? 공장에서는 불량품을 실시간으로 골라 줘요. 장애물이 있는 길을 잘 피해서 목적지까지 운전하는 자율 주행에도 쓰여요. 사람들이 먹는 농산물을 키울 때도 인공 지능 기술이 쓰여요. 위험한 무기를 들고 있는 범죄자를 사람들 사이에서 단 몇 초 만에 찾아낼 수도 있어요. 사람이 직접 들어가기 힘든 곳에 인공 지능 로봇을 보내서 탐사할 수도 있답니다. 구조를 기다릴 생존자들을 구출하는 데

구호용 인공 지능 로봇이 쓰이기도 해요. 인공지능전문가는 사람이 하는 일을 대신할 기기의 프로그램을 만들어요.

　인공지능전문가는 쌓여 있던 여러 지식을 기계에 학습시켜 사람 대신 일하게 하는 기술 개발이 기본이에요. 다양한 지식을 모아 여러 지식과 연계해 새 지식을 발견하도록 사람처럼 지식을 학습하고 추론하는 기술도 개발하지요. 더 나아가 사람이 하는 말을 이해하고 대화를 통해 의도와 상황에 맞는 답을 주는 대화 기술도 개발하고 있어요. 또 인공 지능이 인식한 데이터를 바탕으로 스스로 학습해 영상을 이해하는 기술도 개발하고 있답니다.

　인공지능전문가의 연구로 발전한 인공 지능은 사람들에게 여러 도움을 줄 거예요. 의사 대신 수술을 담당해 줄 관절 로봇은 수술 의사들의 행동을 분석한 프로그램에 따라 설계되어 의사와 유사하게 환자를 수술할 수 있지요.

인공지능전문가가 되려면 복잡하고도 논리적인 컴퓨터의 원리를 이해하고 능숙해질 때까지 공부하는 인내심이 필요해요. 어느 정도 인공 지능의 원리를 학습하면 생활·업무·학습·오락·취미 등에서 분야별로 쓸 수 있도록 프로그래밍을 하는 것이 중요하답니다.

인공 지능의 원리만 알아서는 필요한 분야에 맞게 설계할 수 없겠지요? 인공지능전문가를 꿈꾼다면 여러 분야에 관심을 가져야 해요. 사람을 대신해서 작업해도 실수하지 않을 만큼 뛰어난 인공 지능 기기를 만들 수 있어야 하니까요.

인공지능윤리법률가

인공 지능이 내린 판결을 얼마나 믿을 수 있을까요? 잘못 개발한 인공 지능이 사람을 다치게 했다면 누구를 처벌할 수 있을까요? 자율 주행으로 달리는 차 앞에 어린아이와 노인이 있다면 누구를 먼저 구해야 할까요? 이렇게 인공 지능이 사람을 대신해 줄 수 있는 일들이 점점 많아진답니다. 그럴다면 판단하기 어려운 일들도 많아지겠지요? 이때 필요한 직업이 인공지능윤리법률가예요. 인공 지능 자율주행차를 만들기 전에 어떤 상황에서 멈추고 어떤 상황에서 피해를 줄이기 위해 움직여야 하는지 미리 정해야 한다는 뜻이에요. 인공 지능 기기가 사람을 대신한 덕분에 많은 것이 편리해지겠지만 준비해야 하는 일들도 많아져요. 예측하지 못하는 일들이 늘어나면서 인공지능윤리법률가들의 역할이 더욱 커진답니다.